Verwöhnte Kinder fallen nicht vom Himmel

Peter Angst

Zytglogge

*Dieses Buch widme ich unseren Pflegekindern,
mit denen wir lehrreiche und unvergessliche Jahre
verbringen durften.*

2. Auflage 2003

Lektorat	Bettina Kaelin
Illustrationen	Peter Angst
Satz und Gestaltung	Zytglogge Verlag Bern
Druck	AZ Druck und Datentechnik GmbH, Kempten

ISBN 3-7296-0654-9

Zytglogge Verlag Bern, Eigerweg 16, CH-3073 Gümligen
info@zytglogge.ch, www.zytglogge.ch

Schenkt euren Töchtern und Söhnen wieder eine eigene Kindheit. Sie können noch lange genug erwachsen sein.

Schenkt ihnen wieder ein eigenes Übungsfeld mit Langeweile, Forderungen, Problemen, Widerständen und Grenzen.

Haltet sie möglichst fern vom Konsumieren. Kinder brauchen kein Konsumparadies, aber ihre eigene Jugendzeit!

Inhalt

Einleitung **9**

Heutige gesellschaftliche Umstände: ein Biotop für die Verwöhnung **11**

Konsumrausch: **«Das ist geil, das muss ich haben!»** 12

Spass- und Unterhaltungsgesellschaft: **«Mega-Ägschen!»** 15

Pädagogische Verunsicherung: **«Zu viele Köche verderben den Brei»** 17

Das Dilemma der Schulen: **«Schule macht zu wenig Spass!»** 19

Abschaffung von alten Werten: **«Hoppla, jetzt komme ich!»** 21

Verwöhnung: eine heimtückische, schleichende Erziehungserkrankung **24**

Was ist Verwöhnung? 24

Verwöhnung entsteht leise 25

Schleichender Übergang vom Mogeln zur Sucht 27

Bis hin zu Erpressungen und zur Gewalt 29

Verwöhnung hat viele Masken **32**

«Ich sage, wie es geht, Mami!» – Tyrannische Häuptlingskinder 32

«Niemand hat mir das gesagt!» – Abweisende Teflon-Jugendliche 34

«Mich scheisst alles an!» – Null-Bock-Jugendliche 35

«Ich bin masslos erschöpft!» – Zu engagierte Mütter 37

«Nein, das ess ich nicht, ich will lieber ein Eis!» – Weiches Nachgeben 40

«Nein, ich gehe nicht in den Kindergarten!» – Falsche Spuren 42

«Dann zertrümmere ich dein Auto!» – Grenzenlos fordernde Kinder 44

«Ihr habt mir nichts mehr zu sagen!» – Verspielte Autorität 47

«Oma, gehorch jetzt endlich!» ... und weitere kuriose Beispiele 50

Ursachen der Verwöhnung **55**

«Kinder im Mittelpunkt» – Die Tücken der Kleinfamilie 57

«Sie sollen es besser haben!» – Zu kurz gekommene Eltern 59

«Wir wollen nicht streiten!» – Angst vor Ablehnung und Konflikten 61

«Hotel Mama – immer geöffnet» – Vernarrt in die eigenen Kinder 64

«Psychologisieren statt handeln!» – Falsch verstandene Heftlipsychologie 66

«Du bist doch unser Ein und Alles!» – Elternschaft als Lebenssinn 68

«Gell, du bist mein Prinzchen!» – Um die Liebe der Kinder buhlende Eltern 70

«Sie haben es doch so schwer!» – Kranke und behinderte Kinder 72

«Wir wollten es besonders gut machen!» – Adoptiv- und Pflegeeltern 74

«Ein wenig wollte ich es ihr heimzahlen!» – Zerbrechende Familien 76

«Hast du genügend Taschengeld, Schätzchen?» – Reiche Eltern und gekaufte Kinder 79

«Sie lernen es schon noch!» – Falsche Beruhigungsstrategien 80

«Warum hat uns das niemand gesagt?» – Blinde Flecken 83

Was ist zu tun? **87**

Gesunde Partnerschaft vor Elternschaft 89

Ein Recht auf Kindheit 92

Exaktes Hingucken und Vergleichen 94

Kindern vertrauen und vieles zutrauen 98

Wehret den Anfängen 101

Grenzen setzen und Konsequenzen ziehen 103

Klare Worte, weniger Wiederholungen 107
Sich nicht anbiedern, sondern Eltern sein 111
Toleranz nicht mit Naivität verwechseln 112
Nehmen und Geben einüben 114
Verzicht und Frustration ertragen lernen 117
Hierarchien einhalten: Mut zum letzten Wort! 119
Mütter, holt die Väter zurück! 122
Mass und Abstand halten – bevor Kinder Mütter schlagen 126
Hilfe beanspruchen, aber Autorität nicht aus den Händen geben 128
Allein Erziehende und Patchworkfamilien 131
Konkrete Erziehungsgedanken vom Aufstehen bis zum Schlafengehen 135
Ablösung muss sein! 145
Beispiele, die zum Handeln ermutigen 149

Schlussworte **156**

Literatur **158**

Einleitung

Um es vorwegzunehmen: Eltern, die mit ihren Kindern in die Verwöhnungsfalle geraten, sind in der Regel liebenswerte und engagierte Menschen. Sie haben gute Absichten und wollen nur das Beste für ihre Kinder. Mit diesem Buch möchte ich diese betroffenen Eltern weder anschuldigen noch verurteilen. Vielmehr möchte ich aufzeigen, wie leicht man in unserer Zeit in diese krank machenden Fehlentwicklungen gleiten kann, und mithelfen, die heute so weit verbreitete Erziehungskrankheit besser zu erkennen und früher zu stoppen.

Für die Zukunft sind wir wieder auf lebenstüchtige Töchter und Söhne von engagierten Eltern angewiesen. Viele Anzeichen weisen auf härtere wirtschaftliche und gesellschaftliche Zeiten hin. Wenn aber ein Grossteil unserer jetzigen Jugend weiterhin verwöhnt wird, dann steht uns diese dringend gebrauchte ‹Elite› einer engagierten Erziehung nicht mehr zur Verfügung.

Sollte es mir daher gelingen, ein paar nachdenkliche Eltern davon zu überzeugen, ihre Kinder weniger zu verwöhnen, dann hat sich dieses Buch gelohnt. Der Schmerz für betroffene Eltern ist gross, wenn sie später einmal erkennen müssen, dass ausgerechnet sie diese Fehlentwicklung ihrer Töchter und Söhne mitverschuldet haben. Denn: **Verwöhnung ist hausgemacht.**

Tatsache ist auch, dass man die Verwöhnung im fortgeschrittenen Stadium fast nicht mehr oder nur sehr mühsam korrigieren kann. Es ist, als wären zu viele Spuren falsch gelegt worden.

Wöchentlich kommen erschöpfte Paare zu mir, die sich einmal liebevoll verstanden haben, nun aber kurz vor dem Auseinanderbrechen sind. Die Ursache ihrer Erschöpfung liegt oft weniger in ihrem gescheiterten Eheleben als in der Überforderung durch das Elternsein. Sie alle haben zu sehr nur in den Rollen von Mama und Papa gelebt, sich jahrelang extrem um ihre Sprösslinge gekümmert, wollten es besonders gut machen und stehen nun vor einem Scherbenhaufen. «Wenn ich gewusst hätte, was es heisst, Kinder zu erziehen, hätte ich keine gezeugt!», klagte kürzlich ein enttäuschter Vater.

Und wenn meine Behauptung stimmt, dass verwöhnte Kinder nicht vom Himmel fallen, dann könnten wir ja hier auf Erden etwas dagegen tun. Ich habe daher versucht, im zweiten Teil dieses Buches möglichst konkret zu werden, um Sie, liebe Mütter und Väter, ‹handfest› beim *Tun* zu unterstützen, damit ihre Himmelskinder wieder eine echte Chance bekommen, selbständige Erwachsene zu werden. Versuchen wir es doch!

Noch etwas, worum ich Sie, liebe Leserin, bitten möchte: Verzeihen Sie mir, dass ich auch in diesem Buch wieder zu wenig die Gleichberechtigung der Sprache berücksichtige. Aber es ist einfach furchtbar holprig und langweilig, wenn immer beide Geschlechtsformen erwähnt werden. Somit verstehe ich zum Beispiel unter ‹Partnern› natürlich immer auch die ‹Partnerin›.

Danke für Ihr Verständnis!

Heutige gesellschaftliche Umstände: ein Biotop für die Verwöhnung

Früher wurden unzählige Kinder in kinderreichen und verarmten Familien fürchterlich vernachlässigt. Die Liebe ihrer Eltern mussten sie mit zu vielen anderen zu kurz kommenden Kindern teilen. Viele Kinderseelen verkümmerten oder wuchsen mit unheimlich vielen Defiziten heran, was teils zu tragischen Handlungen bis hin zu schlimmem Blutvergiessen führte. Generation um Generation wurden das Kinderelend und die Jugendmängel weitergegeben.

In unseren Tagen könnte nun endlich jedes Kind sorgfältig genügend Liebe, Aufmerksamkeit und Zuwendung bekommen für einen wunderbaren Lebensbeginn. Wir hätten die Mittel, den Wohlstand und das Wissen dazu. In unserer Gesellschaft könnten viele Kinder endlich eine gesunde und kinderfreundliche Jugend erleben mit optimalen Startbedingungen: behütete, liebevolle Familien und eine gute Schulbildung. Eine tolle Chance für ein erfolgreiches Leben – *die* Möglichkeit für eine bessere Welt!

Doch nun kippen wir in ein anderes Extrem: Wir übersättigen diese unschuldigen Geschöpfe mit einer Flut von materiellen Konsumgütern, mit massloser Unterhaltung und Überbehütung dermassen, dass sie träge, frustrationsunfähig oder gar lebensuntüchtig werden. Nun entstehen Defizite anderer Art, was ein gesundes Aufwachsen ebenso behindert. Welch eine Tragik!

Verwöhnung ist aber nicht nur eine Angelegenheit der Eltern, sondern auch ein Problem unserer jetzigen Gesellschaft, mit ihrer noch nie da gewesenen Masslosigkeit. Kein unterstützendes Klima für junge Mütter und Väter, die versuchen, ihre Kinder zu lebenstüchtigen und sozialen Wesen zu erziehen.

Sie alle müssen gegen eine Flut von widrigen Umständen und sich einmischenden Kräften ankämpfen. Einige davon möchte ich in den folgenden Kapiteln erwähnen, um die Eltern ein wenig zu entlasten und gleichzeitig wachzurütteln. Es ist kein leichter Job, in unserer Gesellschaft Kinder zu erziehen.

Die gegenwärtige gesellschaftliche Masslosigkeit ist sogar ein hoch politisches Problem: Wenn nämlich eine weitere Generation ihre Jugend verwöhnt und dadurch teilweise lebensuntüchtig macht, ist unsere gesellschaftliche Zukunft gefährdet. Fast könnte man von einer kollektiven Kindsmisshandlung sprechen. Wie weit sich Verwöhnung fortpflanzt in die nächste Generation, weiss ich nicht. Zu beobachten ist, dass verwöhnte Kinder gar keine Kinder mehr haben wollen. Sie scheinen bei Fun und Konsumation zu stören. Der deutsche Sozialpädagoge Albert Wunsch schreibt in seinem Buch ‹Die Verwöhnungsfalle›: «Aus diesem Hintergrund entlarvt sich die Verwöhnung als Todfeind einer tragfähigen Investition in die Zukunft.»

Konsumrausch: «Das ist geil, das muss ich haben!»

Es ist mir bewusst, dass schon einige besorgte Pädagogen auf die Problematik des masslosen Konsumierens hingewiesen haben. Wenn ich dieses Thema ebenfalls aufgreife, dann im direkten Hinblick auf die familiäre Verwöhnungsproblematik.

Ganze Industrien versuchen, mit unseren Kindern ins Geschäft zu kommen. Und das nicht diskret und anständig leise, sondern mit fiesen, groben Mitteln. Jeder Psychotrick wird angewendet. Mittels knallharter Marketingstrategien und Werbung werden die noch leicht beeinflussbaren Kinder und Jugendlichen bearbeitet. Die Werbeblöcke im Fernsehen sind bereits hauptsächlich den jungen Konsumenten gewidmet. Tagtäglich prasselt jungen Fami-

«Mami, darf ich dieses Schiff kaufen?»
«Mami, das muss ich unbedingt haben, Wahnsinn!»
«Die sind so geil, einfach super, Mami!»
SUPER

lien über alle Kanäle eine Flut von Angeboten und zuckersüssen Verlockungen in die gute Stube, sodass es fast unmöglich ist, diesem Wahnsinn entgegenzutreten und diese Konsumspirale zu stoppen. Wenn nun vernünftige und kluge Eltern sich gegen all diese Verführungen wehren wollen, müssen sie den eigenen Kindern gegenüber ständig Nein sagen. Und dieses ewige *Nein* sagen ermüdet eben, daher brechen viele Mütter und Väter ein, und schon beginnt ein unvernünftiger Konsumrausch, der oft sogar in einem schrecklich grenzenlosen Suchtverhalten enden kann.

Leider rutschen auch viele Eltern selbst in diese Masslosigkeit, weil rundherum Konsumgeilheit herrscht. Wir alle konsumieren viel zu viel. Das Dilemma ist heute bereits so gross, dass auch vernünftige Eltern zum Teil diesem Trend nachgeben müssen, damit ihre Kinder nicht zu hoffnungslosen Aussenseitern werden. So werden nun auch ihre Kinder überhäuft mit zu vielen Konsumgütern. Durch diese gegenwärtige Überschwemmung geht auch vielen Kindern und Jugendlichen die Liebe zum Detail verloren.

Und noch schlimmer: Das Konsumieren kann zur Droge werden. Um sich selbst gut zu fühlen, muss soundso viel Neues angeschafft werden. Wir alle stecken bereits in diesem Teufelskreis und treiben einander noch an. Wer nicht einen gewissen Standard hat, ist out! Und unter den Jugendlichen herrscht oft ein knallharter Wettbewerb *in* zu sein. Dazu kommt ein idiotisches Marken-Zwangverhalten: Nur diese und jene Marke ist jugendtauglich. Der deutsche Erziehungswissenschaftler Peter Struck beschreibt den Wahnsinn ‹Marken machen Kinder› in seinem Buch ‹Wie viel Marke braucht mein Kind?›.

Vor allem verunsicherte Kinder und Jugendliche sind den heutigen Konsumzwängen ausgeliefert, weil sie Angst vor Ausgrenzung haben. Angst, nicht mehr dazuzugehören. Ein jugendbedrohlicher Wahnsinn ist voll im Gange! Schlimm ist zudem, dass fast tagtäglich neue Bedürfnisse und Märkte geschaffen werden, um die Lust nach Neuem anzutörnen. Dies wiederum speist das Suchtverhalten unserer Töchter und Söhne. Viele Jugendliche kaufen und konsumieren mehr, als sie selbst verdienen können. Das treibt sie in die Verschuldung. Unsere Betreibungsämter haben im vergangenen Jahr eine Zunahme von mehr als 50 % an Betreibungen bei jungen Erwachsenen im Alter von 18 – 25 Jahren festgestellt.

Beunruhigend sind auch folgende Fakten: Bereits besitzen in der Region Zürich 75 % der Knaben und 81 % der Mädchen im Alter von 12–16 Jahren ein Handy.* Sie haben die Erwachsenen ‹handymässig› sogar überholt! Einige Jugendliche sind schon dermassen Handy-besessen, dass die geplagten Eltern Hilfe suchen. Ein neues Erziehungsproblem ist geboren ...!

Spass- und Unterhaltungsgesellschaft: «Mega-Ägschen!»

Masslos ist auch unser Unterhaltungsverhalten geworden. Tagtäglich werden junge Kinderseelen überfüttert mit zu seichter und zu grober Unterhaltung. Immer schneller werden die Bilder und Töne geschnitten. Immer schreiender und lauter wird der Inhalt. Viele Kinder und Jugendliche sind umzingelt von zu vielen Bildern der Gewalt. Und was für unsere Jugend vor allem zerstörend ist: das Quantum des Konsumierens. Wie eine Studie des Zweiten Deutschen Fernsehens aus dem Jahre 2001 aufzeigt, gucken bereits 3 – 5-jährige Kinder mehr als 1 ½ Stunden fern pro Tag, Kinder von 6 – 12 Jahren täglich etwa zwei Stunden, Buben übrigens mehr als Mädchen. In Italien sind die Zahlen noch bedrohlicher: Durchschnittlich sitzen Kinder zwischen 4 und 14 Jahren etwa

* Gemäss einer Studie 2002 der Hochschule für Angewandte Psychologie in Zürich

2 1/2 Stunden vor der Glotze. Wobei fairerweise dieselbe Studie auch deklariert, dass die Eltern selbst etwa 3 1/2 Stunden täglich vor den Kisten höckeln. Der Amerikaner Neil Postman warnte bereits im Jahre 1985 in seinem Bestseller ‹Wir amüsieren uns zu Tode›, dass die Jugend besonders anfällig und gefährdet sei in dieser krank machenden ‹Guck-Guck›-Gesellschaft.

Die empfindlichen Kinderseelen sind dieser gegenwärtigen Reizüberflutung nicht gewachsen. Sie zerstört die Entwicklungsmöglichkeiten der inneren Werte eines jungen Menschen! Es ist nur teilweise wahr, dass all das seichte Fernsehwissen unsere Kinder bereichern würde. **Denn das Lernen bei Kindern geht immer noch über das *Tun*:** Kinder müssen etwas selber tun und einüben, damit es verinnerlicht wird. Beim untätigen stundenlangen Konsumieren werden weder eigene Erfahrungen gemacht noch wird eine Handlung eingeübt und vertieft. Ausserdem müsste man sich auch Sorgen machen um die physische Gesundheit unserer Kinder. Dieses stundenlange bewegungsarme Hocken vor den Flimmerkisten ist schädlich für die heranwachsenden Körper.

Die gegenwärtige Spass- und Unterhaltungskultur ist auch in Bezug auf eine sinnvolle Lebensvorbereitung unserer Kinder und Jugendlichen zu hinterfragen: Muss wirklich alles subito Fun sein und Spass machen? Zur Entwicklung von lebenstüchtigen Menschen gehören die Erfahrungen mit anderen Werten auch dazu: der Umgang mit Verzicht, Ernst, Unlust, Langeweile, Geduld, Trauer, Frustration ...

Eine weitere Gefahr unserer verrückten Unterhaltungsgesellschaft besteht darin, dass zu vieles zu perfekt und zu vollkommen präsentiert wird. Folglich verlieren viele Kids den Mut, etwas selbst zu probieren, überhaupt selbst etwas zu tun oder sich selbst zu unterhalten. Diese totale, perfekte und übermässige Unterhaltung kann lähmend wirken auf die erst startende Jugend. Sie trainiert gar nicht mehr die ‹Muskeln› der eigenen Fantasie, wegen der Überdosis an fixfertigen Bildern.

Das alles übersättigt und verwöhnt unsere Kinder. Die Folgen können vor allem bei sensiblen Jugendlichen verheerend sein: Resignation, Passivität bis hin zum Suchtverhalten.

Pädagogische Verunsicherung: «Zu viele Köche verderben den Brei»

Fast nichts mehr in der Erziehung ist heute noch selbstverständlich. Fachleute sprechen bereits von einer Erziehungskatastrophe. Welche Erziehung soll es denn sein? Der alte autoritäre Stil – ‹die Struwwelpeter- und die Teppichklopfer-Pädagogik› –, der partnerschaftliche, demokratische Erziehungsstil – alles soll und muss mit den Kindern besprochen werden – oder der antiautoritäre, bewusste ‹Laisser-faire-Ansatz› nach dem Motto: Erziehung schadet nur, lasst die lieben Kinderlein gedeihen und alles wird gut?

Gegenwärtig tummeln sich viele eigenartige Psychologen in der Pädagogik herum. Sie rufen auf, das Verhalten der Kinder stets zu hinterfragen und zu analysieren. Das alles erscheint so klug, verständnisvoll, human und so notwendig. Deshalb wohl beginnen viele junge Eltern immer alles zu hinterfragen und zu erklären, statt zu handeln. Sie sind verunsichert und reagieren nicht mehr. Verprügelt ihr kleiner Mikli das Nachbarmädchen, dann sprechen sie vorerst besorgt mit Klein Mikli, reden mit der Kindergärtnerin, fragen den Kinderpsychologen um Rat, während der kleine Mikli in der Zwischenzeit munter weiter um sich schlägt. Niemand stoppt ihn wirklich, niemand packt zu und lässt Klein Mikli auch ein wenig Konsequenzen fühlen, damit die kleine Bubenseele begreift, dass es eigentlich keine gute Sache ist, anderen Schmerzen zuzufügen. Ein Fehlverhalten sollte aber schleunigst korrigiert und nicht immer nur verstanden werden. Das heisst: **Fehl-**

verhalten müsste wieder Konsequenzen haben. Erklärungen allein heilen eben selten. Handeln statt plaudern!

Meine Kritik geht auch an meine Berufskollegen. Wenn Eltern schon in die Verwöhnungsfalle geraten, sich aber rechtzeitig bemühen, bei den Fachleuten Hilfe zu holen, dann passiert leider oft Folgendes: Ein ganzes Heer von Helfern und Beratern schaltet sich ein. Das Kind wird zum vielschichtigen interessanten Fall gemacht. Aber niemand übernimmt wirklich Verantwortung und handelt. Es spielt sich oft das gleiche Muster ab: Alle reden mit den Eltern klug um den Brei herum, alle entlasten ein bisschen ihr Gewissen, aber nur selten werden die verwöhnenden Eltern auch konfrontiert. Vielleicht aus Angst, die Zuwendung der Hilfesuchenden zu verlieren, es könnte ja ein Auftrag verloren gehen ... Viele Menschen in therapeutischen und sozialen Berufen sind selbst sehr harmoniesüchtig und zu wenig konfliktfreudig. Und so köchelt diese Fehlentwicklung munter weiter. Die Therapeuten schreiben zwar wacker sinnlose, lange Akteneinträge, bleiben ‹neutral› und mogeln sich sachlich-bürokratisch weg, aber aus kleinen Miklis werden bald bitterböse, fordernde Mikes, sozial schwierig und eher lebensuntüchtig. Zu viele Köche verderben heute den Brei!

Zudem verbreiten gegenwärtig zu viele Fachleute mit klugen Worten falsch verstandene Individualtheorien. Sie rufen bücherweise auf, den Kindern beizubringen, Nein zu sagen, damit diese eigenwillig und stark werden. Das alles tönt gut: tolle ‹Selbstverwirklichungen› für den Einzelnen, aber weniger für das familiäre und fürs soziale Wohl. Da werden buchstäblich Theorien über die Bildung von egozentrischen und egoistischen Wesen verbreitet, dass einem angst und bange werden könnte. Recht und gut, wenn Kinder das Neinsagen lernen. Aber wir leben nun mal in Gemeinschaften, und da müsste wieder mehr das Bejahende für das Miteinander und das Wir eingeübt werden. Sehr oft führt das verbreitete ‹Bauchnabel-Denken› in die Einsamkeit. Mit sozialem Denken und echten Kompromissen müsste den Kindern wieder aufgezeigt werden, wo das Du beginnt und das Ich aufhört. Die Sozialisation beginnt in den Familien. Die heute weit verbreitete Kuschelpädagogik hingegen fördert egozentrisches und verwöhntes Verhalten.

Das Dilemma der Schulen: «Schule macht zu wenig Spass!»

Auch die Schulen erleben eine schwierige Zeit. Das Buhlen um die Aufmerksamkeit der heutigen Schüler ist gross. Wie wollen Lehrer einen teils mässig interessanten Stoff ihren Kindern beibringen, wenn diese bereits übersättigt sind von vielen Fernsehbildern, Videos, Tonbändli, Computerspielen und anderen ‹spannenden› Freizeitaktivitäten? All diese Programme sind intensiv beladen mit wenig kindergerechten Inhalten. Kein Wunder, dass die überforderten Kinderseelen all diese unverdauten Geschichten erst verdauen müssen und folglich weniger frei sind für den Stoff der Schule.

Viele gute Lehrer geben auf, weil sie diese jugendlichen Konsumenten nicht mehr ertragen, die da gelangweilt in den Bänken hängen und ab und zu dazwischenbrüllen: «Haben Sie nichts Spannenderes auf Lager?» Der Wind hat sich gedreht. Früher konnte doch ein guter Lehrer mit Leichtigkeit die Kinder für neues Wissen begeistern. Es brachte Abwechslung in die kleine, neugierige Welt. Heute können sich anscheinend viele Schüler locker ausserhalb der Schule selbst unterhalten, auf welchem Niveau auch immer.

Ausserdem quatschen zu viele Eltern in die Schulstuben rein. Sie alle sind ja auch einmal in die Schule gegangen und fühlen sich daher als Experten. Die einen fordern subito mehr Leistung, die

anderen subito weniger Leistung. Keine einfache Sache, heute ein Lehrer zu sein. Gegenwärtig erhalten in meiner Region fast die Hälfte aller Schüler Sonderunterricht. Einerseits ist dieses individuelle Fördern lobenswert, andererseits aber zeigt es auch eine bedenkenswerte abnorme Entwicklung: Es gibt immer mehr Sonderfälle! Schade, wenn wir bald aus jedem Kind einen psychologischen Fall machen.

Immer wieder wird den Schulen auch vorgeworfen, die Kinder zu stressen. Nach meinen Beobachtungen entsteht aber der grösste Teil des Stresses in den Elternhäusern selbst. Neben der Schule laufen heutzutage noch die unterschiedlichsten Programme elektronischer Medien munter nebeneinander her, dazu kommt eine geladene Portion Freizeit-Aktionismus: Tennis, Reiten, Judo, Ballett, Klavierstunden etc. Nichts darf fehlen, alles sei wichtig, rechtfertigen dann die eifrigen Eltern, die ihren Kindern ‹nur› optimale Möglichkeiten bieten wollen ...

Es wird auch viel geklagt wegen der zunehmenden Gewalt und dass die Lehrerschaft dagegen zu wenig tun würde! Leider kommen aber zu viele Kinder mit schlecht verdauten Bildern in den Köpfchen aggressiv zur Schule, weil sie stundenlang falsche Helden ‹reingezogen› haben. Oder sie üben daheim zu wenig, wie man miteinander fair umgehen könnte. Nun wird also auch diese Fehlentwicklung vorwiegend den Schulen selbst angelastet. So ein Blödsinn! Vielmehr bringen die abgestumpften Kinder diese groben Vehaltensmuster von zu Hause mit. Die Schule kann doch gar nicht für alles verantwortlich sein.

An den Gewalteskalationen sind viele verwöhnte Kinder und Jugendliche beteiligt. Oft leiden diese an zu wenig Frustrationstoleranz: Sie können nicht umgehen mit dem Anderssein, mit kleinen Ungerechtigkeiten oder Benachteiligungen. Zu schnell sind sie verletzt, fühlen sich leicht provoziert und meinen nun, im Recht zu sein, losschlagen zu müssen und ihren Frust an andern auszulassen. Die zunehmende Gewalt in den Schulen hat auch etwas mit der zunehmenden Verwöhnung zu tun!

Abschaffung von alten Werten: «Hoppla, jetzt komme ich!»

Eigentlich schade, in der Kindererziehung gäbe es viele pädagogische Grundsätze, die sich schon tausendfach bewährt haben und auf die wir heute noch bauen könnten, aber wir sind daran sie zu vergessen, zu verdrängen und abzuschaffen. Natürlich gab es auch schlimme Entgleisungen und schrecklich untaugliche erzieherische Mittel, die es nicht verdienen, heute noch hochgehalten zu werden, wie den unnötigen Drill, falsche Autoritäten, die heuchlerische Moral etc.

Es wird viel von der sozialen Kompetenz *gesprochen,* statt nach ihr zu handeln. Wie geschickt ein Mensch mit anderen Menschen umgehen kann, ist oft entscheidend für sein eigenes Wohlsein und seine Entfaltungsmöglichkeiten. Noch brauchen wir einander. Der Mensch wird nun mal erst am Du zum wertvollen Ich! Doch wir sind auf dem besten Weg, allesamt zu fürchterlichen Egoisten zu werden und zu vereinsamen. So nimmt zum Beispiel Jahr für Jahr die unentgeltliche Freiwilligenarbeit massiv ab. Niemand scheint mehr gross Interesse für das gemeinsame Wohl zu haben. Engagement für andere Menschen ist out. Ebenfalls brechen gegenwärtig viele Jugendvereine und Jugendorganisationen zusammen. Es fehlt an Nachwuchs. Niemand geht mehr regelmässig hin. Null Bock auf dieses Miteinander mit seinen freiwilligen Verpflichtungen. Es wimmelt von ‹Ichlingen›, die alle von einem Egotrip zum anderen hetzen. Konsumieren auf Zeit – ja. Regelmässig mitmachen – nein!

So nach dem Motto: «Hoppla, jetzt komme ich!» Oder wie Eva Zeltner in ihrem Buch ‹Generationenmix› geschrieben hat: «Jeder denkt an sich. Nur ich denke an mich!» Selbstverwirklichung um jeden Preis. Viele Familien zerbrechen daran. Für die notwendigen Kompromisse scheinen wenig Goodwill und Verständnis mehr da zu sein. Oft kommt es mir vor, als konsumierten Menschen bereits auch die Mitmenschen. Das heisst, man benützt den anderen nur, solange er etwas nützt und Spass macht. Und dann: Der Nächste bitte! Langzeitfreundschaften und lange Beziehungen liegen nicht im Trend. All diese gesellschaftlichen Umstände fördern das Milieu, wo Verwöhnung gedeihen kann.

Vielleicht werde ich auch als alter Moralist abgetan, wenn ich nach einigen alten Werten wie freundliche Umgangs- und vernünftige Anstandsformen frage. **Könnten nicht auch gute Manieren den Jugendlichen künftig noch viele wichtige Türen öffnen?**

Autorität, Konsequenz, Gewöhnung, Anstand, Wertschätzung des Mitmenschen, Durchhaltevermögen etc. waren durchaus sinnvolle Lernziele. Nehmen wir zum Beispiel das Durchhaltevermögen: Gegenwärtig bricht in unserem Lande jeder vierte Lehrling seine Lehre frühzeitig ab. Betroffene Jugendliche geben dazu dann Kommentare ab wie: «War nicht zum Durchhalten.» – «Die Arbeit war doof.» – «Der Stutz stimmt nicht.» – «Zu viel Chrampferei.» – «Zu viel Stress, wir sind doch nicht blöd! Nicht mit uns!» Sicher ist es erlaubt nachzudenken, ob unsere Ausbildungen noch zeitgemäss sind. Wenn Jugendliche aber auch künftig in unsere Arbeitswelt eintreten möchten, müssen sie wohl oder übel auf deren Ansprüche bezüglich Leistungen und Normen vorbereitet werden. Wir haben nun mal eine harte Arbeitswelt – und es sieht so aus, als würde sie noch härter werden –, die dementsprechend nach einer ‹realistischeren› Vorbereitung verlangt.

Kürzlich erzählte mir ein liebenswerter 62-jähriger Handwerker ohne Groll, wie sie damals in seiner Lehrzeit noch sechs Wochentage arbeiteten und dass er nur zwei Ferientage während seiner dreijährigen Lehre bekam ... Wie viele Lehrlinge würden das heute überhaupt durchstehen?

Bereits sind es vorwiegend Jugendliche, die arbeitslos sind. Viele von ihnen bringen nicht die notwendigen Voraussetzungen mit für die harte Arbeitswelt. Sollten wir da nicht die Erziehung so gestalten, dass unsere Töchter und Söhne den Anforderungen besser gewachsen wären und dadurch wieder eine echte berufliche Chance bekämen?

Verwöhnung: eine heimtückische, schleichende Erziehungserkrankung

Was ist Verwöhnung?

Es ist gar nicht so einfach, eine kluge Definition von Verwöhnung zu geben. Etwas salopp könnte man sagen: **Eltern tun es, und Kinder sind es dann!** Eltern verwöhnen ihre Kinder, und ihre Kinder sind dann folglich verwöhnt. Also ist dies eigentlich eine Fehlleistung der Erziehenden, welche sich dann im Fehlverhalten der Kinder manifestiert. Je mehr Eltern im Geben und im altersgemäss Fordern das goldene Mittelmass nicht finden, desto verwöhnter werden ihre Kinder.

Verwöhnung heisst meines Erachtens auch: Kinder zu wenig lebenstüchtig und eigenständig zu machen, sie überzubehüten und nur wenig zu fordern, keine Grenzen zu setzen oder auch ein Laisser-faire, ein zu lascher Erziehungsstil, ein flaues Alles-gewähren-Lassen.

Ulrike Zöllner umschreibt in ihrem Buch ‹Die Kinder vom Zürichberg› Verwöhnung auch als Wohlstandsverwahrlosung. Mir selbst passt der Begriff nicht so recht, weil ich unter Verwahrlosung immer noch die alten Bilder von zu kurz gekommenen, defizitären und verelendenden Kindern sehe. Verwöhnte Kinder haben zwar auch Defizite, aber ihr Handikap ist der Überschuss!

Jürg Frick nennt die Verwöhnung sogar eine Droge. Meines Erachtens aber bereitet Verwöhnung nur den Weg zur Droge und zur Sucht vor. Sie ist quasi mehr ein Wegbereiter für späteres Suchtverhalten. Hingegen finde ich es mutig, dass Frick in seinem Buch ‹Die Droge Verwöhnung› sogar die Frage aufwirft, ob Verwöhnung nicht auch eine subtile Form von Kindsmisshandlung sei ...

Natürlich ist es schmerzhaft, betroffene Eltern mit diesem Gedanken zu konfrontieren. Aber es zeigt den Ernst des Themas: Verwöhnte Kinder sind wirklich in einem misslichen Zustand, sie werden in ihrer persönlichen Entwicklung ‹miss-handelt› und ‹miss-gefördert›.

Verwöhnung entsteht leise

Vielleicht verbreitet sich diese Erziehungskrankheit deshalb so leicht, weil sie anfangs mit ganz kleinen, fast unmerklichen Inkonsequenzen beginnt.

- Was ist denn schon schlimm daran, wenn man einem brüllenden kleinen Liebling nochmals ein Eis kauft, obwohl er gerade eines gegessen hat?
- Was ist denn schon schlimm daran, wenn man einem Kind nochmals erlaubt, einen Film zu schauen, obschon das zuständige Sandmännchen fast einpennt?
- Was ist denn schon schlimm daran, wenn beim Mogeln eines Kindes ein Auge oder zwei Augen zugedrückt werden?
- Was ist denn schon schlimm daran, wenn man zu müde ist, mit einem Kind noch ein Streitgespräch zu führen, und deshalb lieber nachgibt?

Alles nicht so schlimm? Aber die Summe dieser kleinen Inkonsequenzen legt eine falsche Spur – vor allem in den Köpfen von aufmerksamen, jungen Erdenbürgern! Es lohnt sich also, auf dieser Welt ein wenig zu brüllen oder zu mogeln? Es lohnt sich, Regeln abzuändern oder auszudehnen? Diese ‹Kleinigkeiten› knüpfen still und heimlich ein recht loses, sehr nachgiebiges und konfuses Denknetz: Regeln sind dehnbar, Grenzen überschreitbar, Abmachungen veränderbar, Vereinbarungen übersehbar und Anweisungen überhörbar.

Es gibt kleine und grosse Kinder, die ganz genau wissen, dass sie mit ihrem Charme, mit ihren Ausreden eigentlich fast alles wieder zu ihren Gunsten und Vorteilen richten können. Somit werden Anweisungen und Regeln mit Leichtigkeit überhüpft. Nichts hat Gültigkeit und Konsequenzen. Zudem sind alle Bedürfnisse erreichbar und erfüllbar. Und alles erst noch subito! Der schnellen Lustbefriedigung sind keine Grenzen mehr gesetzt.

Ist es nicht herrlich, als Eltern Kinder glücklich und zufrieden zu sehen? Kinder müssen doch glücklich sein! Was soll denn daran schon falsch und böse sein, den eigenen Kindern eine gesättigte Zeit zu schenken? Es ist schwierig, Kinder gelangweilt, frustriert und unglücklich zu sehen und das auszuhalten.

Aber es ist in der Tat lebenswichtig, dass Kinder auch lernen, mit unbequemen Umständen wie Unerfülltheit, Frustration, Ablehnung, Bangen, Trauer, offenen Wünschen etc. umzugehen. Alles Lernen ist bekanntlich auf Training aufgebaut. Folglich müssten wir mit unseren Kindern auch diese Dinge trainieren.

Das setzt voraus, dass wir Eltern es aushalten,

- dass unsere Kinder ab und zu frustriert werden
- dass unsere Kinder ausrufen, wenn man ihnen den Fernseher abschaltet
- dass unsere Kinder von andern Mitmenschen abgelehnt werden
- dass unsere Kinder brüllen, wenn ihnen etwas nicht erfüllt wird
- dass wir sie nicht subito bedienen dürfen
- wenn sie weinen, weil sie traurig sind
- dass unsere Kinder ab und zu unzufrieden sind
- dass unsere Kinder eigene Probleme und Widerstand brauchen.

Ja, es ist nicht einfach, Kinder leiden zu sehen. Eigentlich wären wir heute in der Lage, fast alle Kinderwünsche zu sättigen. **Aber dieses Zu-schnell-Sättigen, dieses Nicht-mehr-warten-Lassen, dieses Zu-schnell-Bedienen und Befriedigen ist meistens der Anfang einer Verwöhnung.**

Leider müssen wegen des herrschenden Überangebots verantwortungsvolle Eltern viel zu oft Nein sagen. Noch nie gab es ein so grosses Angebot für Kinder. Kinder sind neugierig, freuen sich an Neuem, das ist ihre Natur. Sie vergleichen: «Andere haben das auch!» – «Nur ich darf nie ...» – «Böse Mutter, du hast mich doch gar nicht lieb, sonst dürfte ich doch auch ...!» Ach, das schmerzt, das klagt an! Nicht zum Aushalten. Wie paradox es doch heute ist: Wer sein Kind liebt, muss besonders oft Nein sagen und dafür den Unmut seines Sprösslings in Kauf nehmen.

Schleichender Übergang vom Mogeln zur Sucht

Erstaunlicherweise schaffen es viele junge Menschen, ein wenig verwöhnt zu sein und trotzdem lebenstüchtig ins Erwachsenwerden einzusteigen. Bei einigen Kindern und Jugendlichen aber, die wohl eine latente Veranlagung dazu haben, macht sich die Verwöhnung immer breiter. Sie werden unzufrieden, gieriger, und ihre Bedürfnisse müssen immer schneller befriedigt werden. «Ich will jetzt, und zwar subito dies und das ...!» Dummerweise ist auch alles da. Wären die finanziellen Mittel dazu oder die Dinge selbst einfach nicht erhältlich, könnten sie nicht stetig gefordert werden. Nicht umsonst bildet sich Verwöhnung auch leichter in wohlhabenden Familien und Gesellschaften. Wie schön wäre es doch, wenn wir unseren fordernden jungen Töchtern und Söhnen sagen könnten: «Wir sind einfach zu arm für diese Dinge und unsere Läden sind leer, seht doch selbst nach.» Dann würden wir noch genüsslich das alte Lied anstimmen: «Wenn ich einmal reich wär ...» Doch wir sind nun mal reich oder wenigstens ein bisschen, sodass wir ihnen die meisten Dinge bieten könnten. Leider muss all dieses übermässige Konsumieren immer noch gesteigert werden, damit der Reiz noch reizen kann ...!

Auch süchtige Kinder fallen nicht vom Himmel. Süchte haben ihren Nährboden teils in anfänglichen unterschiedlichsten Defiziten. Aber, und das ist das Tragische: Weil kaum mehr gültige Regeln und Grenzen – mit Konsequenzen – gesetzt sind, breiten sie sich ungehemmt aus! So essen Kinder zum Beispiel aus irgendeinem Manko heraus viel zu viel, aber auch, weil sie zu leicht Zugang zur falschen Nahrung bekommen. Jede Sucht hat ihren leisen Anfang. Je später sie gestoppt wird, desto schwieriger wird es sein, wieder zu gesunden. **Sucht ist wie ein falsches Programm. Kinder, die in die Drogensucht rutschen, haben anfangs oft zu viel falsch verstandene Freiheiten ‹genossen›.** Sie finden das Geld und die unbeaufsichtigte Zeit dazu. Zudem haben sie gelernt zu mogeln. Sie sind sogar Meister im Mogeln, im Auf- und Abrunden zu ihren eigenen Gunsten, im Erfinden von Notlügen und Zwecklügen. Alles Dinge, die Menschen nur lernen, wenn sie beim Einüben dieser Eigenschaften nicht korrigiert und gestoppt werden und es ihnen gelingt, diese über längere Zeit erfolgreich auszuüben: immer wieder die eigene Mutter zu beschwichtigen, zu besänftigen, zu belügen und immer wieder den angedrohten Konsequenzen auszuweichen. Oft sind es gerade extrem kluge, schnell lernende Kinder, die diese Tricks meisterhaft beherrschen.

Ein weiterer entscheidender Schritt ist folgender verhängnisvolle Verlauf: Kinder und Jugendliche beginnen die Erziehungsregeln abzuändern und neu zu bestimmen. Statt ‹Zuerst die Leistung und dann das Vergnügen›, versprechen sie hoch und heilig, wenn sie zuerst das Vergnügen haben könnten, würden sie dann die Leistung schon noch erbringen. Plötzlich bestimmen sie, was sie tun wollen und was eben nicht, und nehmen so den Erwachsenen immer mehr das Ruder aus der Hand.

Mit Erfolg ändern sie laufend das Erziehungskonzept, natürlich zu ihren Gunsten. Somit verlieren die Eltern ihre Autorität. Sie geben langsam, aber sicher die pädagogische Führung an die Kinder ab – ein verhängnisvoller Elternfehler. Dann ist es jeweils nur noch ein kleiner Schritt hin zur Erpressung. Was sie nicht bekommen, holen sie sich, wenns sein muss, mit Druck.

Bis hin zu Erpressungen und zur Gewalt

Gefährlich wird es dann, wenn die Gier und die Sucht sich dermassen ausbreiten, dass die Hemmschwellen schwinden und man sogar mit Gewalt holt, was so ‹dringend› gebraucht wird, zuerst in den Familien, dann auch ausserhalb. Mütter und Väter sind ratlos und getrauen sich überhaupt nicht mehr, Nein zu sagen.

Was sind das für Eltern, die sich vor den eigenen Kindern fürchten und sich von ihnen erpressen lassen? Oft sind es gutmütige, verständnisvolle und harmoniefreudige Eltern, die Auseinandersetzungen, Streit und Konflikte fürchten. Sie wollen es eigentlich, wenn immer es geht, miteinander friedlich und schön haben. Und das um jeden Preis. Anderes haben sie selber oft gar nicht gelernt. **Diese Friedliebigkeit wird von den listigen kleinen und grossen Egoisten ausgenutzt.** Sie merken bald, dass sehr viel Eigengewinn drinliegt, mit ein wenig Gebrüll und Drohungen den Hausfrieden zu stören. Das beginnt im Kleinen: brüllen, bis man den Fernsehfilm sehen darf; jammern, bis man eine Aufgabe nicht mehr tun muss etc. Und sogar wenn die Eltern ihre Autorität bereits verloren haben, behalten die Kinder das letzte Verhandlungswort: «Ich mache das nur, wenn ich den Stutz bekomme.»

Als grenzenlos fordernde Jugendliche dann merken sie bald, dass sie noch einen gewaltigen Trumpf, ein fürchterliches Erpressungsmittel haben: Das ist die Angst der Eltern, die eigenen Kinder zu

verlieren. Diese elterliche Angst wird ebenfalls schamlos ausgenutzt. Bei jeder Gelegenheit wird gedroht: «Dann bringe ich mich eben um!» Einige schlucken demonstrativ einige Medikamente, lassen sich gehörig ‹voll laden› mit Alkohol oder Drogen, und schon geben die verängstigten Eltern nach. Andere ritzen sich gar zur Demonstration ein wenig in die eigene Haut. Eine schlimme und traurige Entwicklung. Schwierig für besorgte Eltern, sich von dieser harten Stufe der Verwöhnung aus nicht erpressen zu lassen!

Wenn die Verwöhnung sich einmal dermassen eingenistet hat, ist es meist auch nicht mehr weit zu Übergriffen und Gewalt. Das heisst, dass Kinder und Jugendliche die Achtung und den Respekt vor ihren eigenen Eltern nun völlig verloren haben und bereit sind, sogar zuzuschlagen. Vor allem Mütter werden geschlagen, weil sie ‹zu nahe dran› sind (siehe Kapitel ‹Mass und Abstand halten – bevor Kinder Mütter schlagen›).

Daher, besorgte Eltern, gehen Sie Verwöhnung an, bevor es zu spät ist. Der Weg zurück ist nämlich sehr schwierig. Sie und Ihre Kinder haben das nicht verdient!

Verwöhnung hat viele Masken

Verwöhnung ist oft schwierig zu erkennen, weil unklar ist, wo sie beginnt, wie und mit welchen Masken sie auftritt. Die kommenden Kapitel sollen mithelfen, einige besser kennen zu lernen.

Vorerst möchte ich die drei Typen beschreiben, die mir beim Thema Verwöhnung am häufigsten begegnet sind: die tyrannischen Häuptlingskinder, die alles abweisenden Teflon-Jugendlichen und die Null-Bock-Jugendlichen. Es ist jedoch völlig klar, dass verwöhnte Kinder immer mehrere Symptome und überlappende Erscheinungsbilder haben.

Mit den Beispielen aus den verschiedenen Entwicklungsstufen der Kinder möchte ich auf prägende Umstände und Zusammenhänge der Verwöhnung hinweisen, damit Ihnen der Nährboden sichtbar wird, worauf sie gedeihen und wachsen kann.

«Ich sage, wie es geht, Mami!» – Tyrannische Häuptlingskinder

Unter diesem Begriff möchte ich verwöhnte Kinder umschreiben, die sehr rechthaberisch und fordernd sind. Nicht zu verwechseln mit normalen Kindern im Trotzalter, die ab und zu ihr eigenes Ich ausprobieren.

Mit tyrannischen Häuptlingskindern meine ich Kinder, die immer im Mittelpunkt sein wollen. Sie bestimmen die Spielregeln, sie erteilen Befehle. Das kann schon recht früh losgehen. Schon mit drei, vier Jahren möchten sie anderen vorschreiben, was sie zu tun haben. Bereits in der Nachbarschaft oder später im Kindergarten fallen sie mit ihrem egozentrischen Verhalten auf.

- Ich, ich will der Häuptling sein!
- Ich mache nur mit, wenn ich der Kapitän sein kann!

- Ich bin der Champion!
- Ich bin der Grösste!
- Gell, du hast mich am liebsten!
- Nein, ich will es jetzt!
- Wenn ich das nicht bekomme, dann ...!
- Gut, dann mache ich nicht mit!
- Du bist ein böses Mami, wenn du mir das nicht gibst!
- Neeeiiin, ich will es so haben!

Meistens haben diese bereits etwas verwöhnten Kinder das erste und das letzte Wort! Alles wird von ihnen kommentiert und bestimmt. In der Kindergruppe wollen sie befehlen, was, wie, wo und wann zu spielen ist. Wenn die anderen Kinder nicht mitspielen wollen, werden sie laut und grob oder sind beleidigt, laufen weg und trötzeln. Diese betroffenen Kinder sind bereits egoistisch und wenig offen für andere Anliegen. Ihre soziale Kompetenz ist schwach. Das Interesse für andere fehlt ihnen. Sie sind wenig kooperativ und einfühlsam.

Tyrannische Häuptlingskinder überschätzen sich selbst. Sie lassen sich ungern einordnen oder unterordnen. Das wird vor allem später, in der Schule und in der Lehre, immer schwieriger. Es gibt Schüler, die schon mit zwölf Jahren ausgeschult werden, weil sie sich nicht mehr einordnen können ... Auch viele Lehrverträge müssen heute abgebrochen werden, weil Lehrlinge die Hierarchie eines Betriebes nicht mehr akzeptieren können.

Gerne identifizieren sie sich nur mit grossen Figuren und Helden. Sie fordern Hauptrollen, verachten Neben- und Statistenrollen. Mitmenschen ‹benutzen› sie.

Diese kleinen Häuptlingskinder haben bereits eine grosse Anspruchshaltung in Sachen Qualität: Es müssen gute Marken sein. Nicht einfach günstig und billig dürfen Kleider oder Spielzeuge sein. Diese Kinder lassen sich gern von andern bewundern und zudienen.

Sie sind es gewohnt, geliebt zu werden, ohne Wenn und Aber. Allein schon dass sie da sind, muss für andere einfach toll sein. Alles zu haben, alles zu bekommen ist für sie selbstverständlich und Alltag geworden. Wenn ihnen etwas nicht gelingt, rasten sie aus. Auf Kritik reagieren sie mit Gegenangriff oder sind bis zu den Zehenspitzen tief gekränkt.

«Niemand hat mir das gesagt!» – Abweisende Teflon-Jugendliche

Schuld sind immer die anderen! Alles läuft an Teflon-Jugendlichen runter. Wie bei einer Teflonpfanne bleibt an ihnen nichts kleben. Sie bleiben stets ‹sauber› und sind sich keiner Schuld oder Verantwortung bewusst.

- Nein, ich kann nichts dafür!
- Nein, das kann ich nicht!
- Nein, das war ich nicht!
- Nein, du hast mir nichts gesagt!
- Niemand hat mir das gesagt!
- Wissen Sie, der Lehrer hat eben ...
- Wissen Sie, mein Vater hat eben ...
- Wissen Sie, ich war krank, als ...
- Das ist doch gemein, dass ich ...
- Ihr habt mir ja kein Geld gegeben für ...
- Das ist doch ein lausiges Fahrrad, mit dem kann ich wirklich nicht ...
- Das sind die falschen Schuhe, mit denen kann ich doch nicht ...
- Ich konnte doch nichts lernen bei dem lausigen Lehrer ...
- Das ist doch nicht mein Bier, das geht mich nichts an!

Diese verwöhnten Jugendlichen machen einen permanenten Vorwurf an die Umwelt: Sie trägt die Schuld und die Verantwortung. Alles ist gemein und gegen sie gerichtet. Auf frischer Tat ertappt, lehnen sie mit vielen Ausreden jede Art von Verantwortung ab.

- Schuld ist die Kindergärtnerin, denn sie hat früher immer ...!
- Schuld ist der Lehrer, denn er hat nicht ...!
- Schuld ist der Lehrmeister, denn er war nicht ...!
- Schuld ist die Gesellschaft, denn sie hat nicht ...!

Sie können Kritik nicht annehmen, sind sofort beleidigt und fühlen sich zu Unrecht kritisiert. Sie können einen ganzen Abend lang ein tolles Programm bekommen, am Ende war es doch ungenügend. Diese Kinder und Jugendlichen sehen auch nicht ein, dass sie mitmachen und mithelfen müssen. Sie kneifen zu gern. Nichts ist ihre Sache! Dieses ewige Ablehnen von Eigenverantwortung und Engagement macht sie passiv und bequem. Teflon-Jugendliche sind wenig beziehungs- und bindungsfähig.

Als Kinder sind sie an Schonung und viel Fürsorge gewöhnt worden. Auf Dienstleistungen hat man doch ein Anrecht! – Meistens wurden sie zu wenig gefordert, gefördert und konfrontiert. – Stets weichen sie Forderungen aus. Sie lassen sich ungern einspannen für Aufgaben ohne eigenen schnellen Gewinn und sind wenig belastbar. Sie beherrschen es meisterhaft, diverse Tätigkeiten anderen zuzuschieben. Leicht ‹vergessen› diese verwöhnten Jugendlichen Aufträge und Abmachungen. Hingegen ‹speichern› sie geschickt Versprochenes und fordern dieses möglichst subito ein.

«Mich scheisst alles an!» – Null-Bock-Jugendliche

Nicht zu verwechseln mit gewissen Pubertätskrisen von normalen Jugendlichen, die ebenfalls ab und zu passiv oder motzig sind! Null-Bock-Jugendliche jedoch sind fast immer unheimlich passiv und bequem. Sie lassen sich bedienen, übernehmen ungern Aufgaben und hängen meistens gelangweilt herum. Sie sind kaum noch für etwas zu begeistern. Sie finden vieles kindisch und ‹bubelig›. Sie sehnen sich nach irgendetwas, was sie selbst nicht umschreiben können. Ihre Passivität verhindert, dass sie angeregt werden können. Dadurch haben sie wenig Erfolgserlebnisse, und ohne Erfolg finden sie auch keine Zufriedenheit. Sie wollen Gewinn ohne Anstrengung. Sie weichen der Realität aus.

- Mir stinkts!
- Nein, nicht mit mir!
- Bin doch nicht blöd!
- Was soll der Scheiss!
- Mich gurkt es an!
- Es läuft doch nichts!
- Wieso ich, das kann doch auch jemand anderes tun!
- Nein, das mach ich sicher nicht!
- Bei uns ist es doch kotzlangweilig und stier!
- Ich habe null Bock auf ...!
- Mama machts!
- Papa wirds schon richten!

Diese verwöhnten Jugendlichen vereinsamen leicht und werden nicht selten zu Einzelgängern. Oder sie finden ihresgleichen. Dann unterstützen sie sich gegenseitig noch zusätzlich in ihrem Fehlverhalten. Natürlich haben sie zu wenig Vertrauen in die eigenen Kräfte und weichen aus. Sie sind zu wenig stark gemacht worden und trauen sich wenig zu. Sie sind unfähig, Eigenverantwortung zu übernehmen. Oft werden sie als Jammergestalten und Weicheier bezeichnet. Nehmen fällt ihnen leicht, das Geben hingegen schwer. Sie haben wenig Ausdauer und Durchhaltevermögen. Sie beginnen einiges, aber geben schnell auf. Ihre Leistungen schwanken und sacken ab. Sie haben wenig Mut und kaum Lust auf Neues!

Diese verwöhnten Söhne und Töchter konsumieren viel. Sie suchen Lusterlebnisse ohne Anstrengungen. So können sie beispielsweise stundenlang vor dem Fernseher höckeln, mit wenig Begeisterung, aber sie gucken. Oft sind es auch Jugendliche, die sehr aktive Eltern haben, die ihnen zu viel abnehmen. So nach der alten Tragik: Zu aktive Eltern geben zu passive Kinder, vielleicht sogar spätere Trittbrettfahrer oder noch schlimmer: Menschen, die nicht mehr ohne fremde Hilfe auskommen.

Diese Null-Bock-Jugendlichen neigen zu Ersatzbefriedigungen und hoffen auf einen schnellen und geilen Kick. Sie sind besonders suchtgefährdet.

«Ich bin masslos erschöpft!» – Zu engagierte Mütter

Im Säuglingsalter

Sicher ist Vorsicht geboten, im Säuglingsalter schon von Verwöhnung zu sprechen. Diese kleinen Wesen würden schnell zu Grunde gehen, wenn sie nicht liebevoll von ihren Müttern genährt würden. Auch seelisch würden sie verkümmern, wenn ihnen nicht diese fürsorgliche Zuwendung täglich geschenkt würde. Tragische Bilder aus früheren und jetzigen Zeiten, von Kaspar Hauser bis hin zu den rumänischen Kinderheimen zeigen, dass Kleinkinder seelisch verhungern, wenn sie nur ernährt werden, aber zu wenig liebevolle elterliche Zuwendung erhalten. Diese kleinen Erdenbürger brauchen uns. Bedingungslos sind sie den Eltern ausgeliefert.

Nun sind aber diese kleinen Himmelskinder von Natur aus mit einem unheimlich lauten Organ ausgestattet, das in früheren Zeiten sehr nützlich war. Die kleinen Sirenchen haben wohl mitgeholfen, dass die Mütter ihre Nachkommen in den Höhlen und auf den Feldern jeweils nicht vergassen. Oder sie mussten gar aus Leibeskräften schreien, um nicht verloren zu gehen.

In unseren Kleinfamilien wäre aber allein schon die Lautstärke dieser kleinen Schreihälse weniger notwendig. Hier klappt der Service in unseren überschaubaren Wohneinheiten und bei den kleinen Kinderzahlen meistens von Anfang an ausgezeichnet. Es gibt fast keine Wartezeiten: Ein kleines Knurren, ein eindringliches Weinen, und die liebe Mutter ist in Aktion! Tatsächlich ist es nicht leicht, auf diese herzzerreissenden Töne nicht sofort zu reagieren. Da muss doch einfach jedes liebevolle Mutterherz in Aktion treten.

Sybille, eine lebhafte und intelligente Frau, hatte jahrelang als Sekretärin in einer anspruchsvollen Firma mehr als hundert Prozent gearbeitet. Daneben war sie noch in der Jugendarbeit tätig, als Trainerin für Mädchenturnen. Kurzum: eine leistungsfähige und starke junge Frau. Dann heiratete sie einen ehrgeizigen und sportlichen Mann, wurde bald Mutter des kleinen Mike und gab ihren Beruf auf. Selber in einer einfachen vierköpfigen Familie mit einer behinderten Schwester aufgewachsen, die extrem viel elterliche Fürsorge gebraucht hatte, wollte sie alles besser machen, weil sie unter den eigenen Defiziten an Zuwendung aus der Kinderzeit litt. Als dann Mike zur Welt kam, nahm sie sofort mit einem enormen Eifer dessen Pflege auf. Sie war etwas geschwächt von der Geburt und plötzlich war alles fürchterlich anstrengend, und sie wurde dünnhäutig und übersensibel. Vielleicht war das mit ein Grund, dass sie jeweils auf das kleinste Geknurr von Mike sofort reagierte. Einerseits weil sie es besonders gut machen wollte, anderseits weil sie sein kräftiges Gebrüll und sein herzzerreissendes Jammern nicht ertragen konnte. Folglich bot sie dem kleinen Prinzen einen äusserst intensiven Service. Dazu kam, dass Mike vermehrt auch nachts seinen Service verlangte, und dieses Aufstehen war besonders ermüdend. Plötzlich stand sie Tag und Nacht voll im Dienste von Mike! Unglücklicherweise war ihr Mann in dieser Zeit beruflich ebenfalls sehr gefordert, musste oft ins Ausland, und so kam sie sich oft wie eine allein erziehende Mutter vor. In den Herbsttagen schlich sich dann gar eine leichte depressive Verstimmung ein, sodass sie sich für jede Kleinigkeit extrem anstrengen musste.

Erschöpft und sehr verunsichert kam Sybille in meine Praxis. Sie verstand die Welt nicht mehr: Ein Kind und schon nudelfertig, dabei hatte sie mindestens zwei, drei Kinder gewollt. Sie war doch früher so leistungsfähig gewesen! Was machte sie nur falsch?

Eigentlich nichts! Sybille ist nur wie viele andere junge Frauen in eine etwas missliche Kleinfamilien-Falle geraten. Alles hängt nur an ihr. Für ein paar Tage oder auch regelmässig müssten noch einige andere Erwachsene anwesend sein und aktiv werden, damit sie wieder etwas zur Ruhe kommen könnte. Nur ist eben niemand da in diesen winzigen Institutionen! Zudem hat Sybille die Vergangenheit eingeholt mit dem ‹Alles-richtig-und-alles-noch-besser-als-die-Eltern-machen-Wollen›. Unglücklicherweise wird sie nun auch durch ihre eigene Dünnhäutigkeit gestresst. Was wiederum dazu führt, dass sie den Service noch besser ausüben will, damit der kleine Mike sie weniger nervt. Eine weitere Falle!

Es ist durchaus möglich, dass in dieser extremen Bedient-werden-Zeit eines Säuglings bereits Verhaltensmuster gelegt werden, die später der Verwöhnung Vorschub leisten. Denn die kleinen Erdenbürgerlein lernen schnell. Natürlich muss auch die Frage, ob Säuglinge nach einem Zeitplan gestillt und gefüttert werden sollen oder einfach dann, wenn sie hungrig sind, diskutiert werden. Gegenwärtig scheint in zu sein, während der ersten Monate die kleinen Himmelskinder bereits beim kleinsten Mucks zu stillen.

Obwohl ich kein Experte dafür bin, denke ich schon, dass es Sinn macht, wenn ab und zu nicht sofort bedient würde, damit die kleinen Hungrigen ein bisschen erfahren, wie in dieser Welt manchmal gewartet und Geduld eingeübt werden muss. Man sagt aber: Wer zu Beginn des Lebens gut gesättigt wird, ist fürs spätere Leben besser gerüstet. Einverstanden. Ich bin sehr dafür, dass Kinder liebevoll umsorgt und betreut werden. Aber wo hört das Sättigen auf und wo beginnt das Verwöhnen? Wohl doch eine Frage des Masses!

«Nein, das ess ich nicht, ich will lieber ein Eis!» – Weiches Nachgeben

Im Kleinkindalter

Das ist ein gefährliches Alter, was Verwöhnung betrifft. Ich bin fest überzeugt, dass in diesen ersten Lebensjahren falsche Spuren gelegt werden. Kleine Wölfe erkennen leicht, wie sie schnell zum besten Futter kommen. Und kleine Kinder funktionieren oft wie kleine Wölfe. Immer hungrig, immer darauf aus, nicht zu kurz zu kommen und die besten Stücke zu erhaschen – das ist Lebenstüchtigkeit. Dieser Trieb und diese Begabung werden ihnen von der Natur geschenkt, damit sie alle überleben können – auch die mit weniger aufmerksamen und liebevollen Eltern. Zudem müssen sie lernen, all ihre Fähigkeiten einzusetzen. Das gehört zum Lernprozess der Entwicklung. Eigentlich sogar ein gutes Zeichen, wenn Kinder hellwach alles fordern, damit sie leben können und gross und stark werden.

Ihnen dürfen wir keine Sekunde böse sein. Es ist in ihren Selbsterhaltungstrieben angelegt, dieses ständige und listige Fordern sowie alles zu nehmen, was man bekommt. Verständlich, dass fürsorgliche Mütter und Väter all diese Bedürfnisse vollkommen abdecken wollen. Sie möchten gesättigte und glückliche Kinder. Das ist an sich gut so. Nur sollte der Service nicht übertrieben aufmerksam und zu schnell sein. Gerade Kleinkinder sollten beides erlernen dürfen: einerseits gesättigt werden, andererseits auch einüben, mit unangenehmen Situationen und Gefühlen umzugehen wie hungrig sein, warten lernen, teilen müssen, Unlust ertragen können etc. So lernen sie frühzeitig, diese Gefühle der Entbehrungen zu akzeptieren. Regen und Sonnenschein. Beides gehört wohl zu dieser Welt.

Schon bevor David auf die Welt fiel, hatte seine Mutter viele Bücher verschlungen über Schwangerschaft, Säuglingspflege und Kleinkindererziehung. Natürlich wollte sie es von Anfang an besonders gut machen. Mit grösster Aufmerksamkeit bediente sie ihren kleinen David, dachte an all die wichtigen Bücher, war oft zum Umfallen müde, wollte aber eine glückliche junge Mutter sein. Selber dünnhäutig und feinfühlig, konnte sie es jedoch schlecht ertragen, ihren Sohn weinen zu hören und nicht zu wissen, was ihm fehlte, wenn er still und leise vor sich hin jammerte. Um ja keine Fehler zu begehen, nahm sie alle Ratschläge an, die ihr zu Ohren kamen. Dadurch bot sie David einen noch aufmerksameren Service an. Die gutmütige, verunsicherte Erdenmutter wurde immer mehr ausgenützt. Dazu kam, dass der kleine David selbst eine sensible, feine Seele haben musste, denn er reagierte extrem auf vieles, was vom Gewohnten abwich und ihn wohl verunsicherte. So fand er oft seinen Schlaf nicht so gut oder war beim Essen ausgesprochen wählerisch. Jedenfalls gab es bald ein ewiges Hin und Her zwischen seinen Bedürfnissen und der Aufmerksamkeit seiner Mutter. Klein David lernte schnell, sich durchzusetzen, und rang der verunsicherten Mutter immer mehr Aufmerksamkeit ab, als ihm gut bekam. Auch das Verweigern lernte er rasch. Zwei-, dreimal verweigern, und die liebe Mama gab nach. Welch ein Glück, so eine feinfühlige, nachgiebige Mutter zu haben!

Als Klein David bei uns zu Besuch war, verweigerte er unser feines Essen und brüllte immer nach einer bestimmten Eissorte. Irgendwann wurde es dem besorgten Papa zu dumm: Er setzte sich ins Auto, holte dem kleinen Schreihals das geforderte Eis und wir hatten ... wieder unsere Ruhe!

Diese Geschichte spricht für sich. Davon gibt es viele. Ebenso viele kluge Ratgeber wurden schon geschrieben über solche kleine Tyrannen. Ich will darum nicht näher auf dieses Thema eingehen. Es ist unbestritten, es gibt sie, diese herrisch auftretenden Kleinkinder, die sofort gefüttert und bedient sein wollen. Aber gerade diesen fordernden Kindern sollte man nicht mit dem verwöhnenden ‹Subito-Service› begegnen. Mit konsequentem Verhaltenstraining liessen sich mit ihnen einige Regeln dieser Welt einüben: lernen zu warten, zu teilen oder gar zu verzichten ... Eigenschaften, die sie später wunderbar gebrauchen könnten, um mit den übrigen Milliarden Mitmenschen friedlich zusammenzuleben.

«Nein, ich gehe nicht in den Kindergarten!» – Falsche Spuren

Im Vorschulalter

In dieser Zeit nehmen Kinder sich selbst bewusst wahr. Das Alter der Sozialisation kann beginnen. Sie erkennen ihr eigenes Ich, üben es ein und lernen, es zu verteidigen. Es ist eine wichtige Lernzeit, in der Kinder auch wahrnehmen sollen, dass andere Menschen nicht nur da sind, um sie zu füttern und zu pflegen, sondern auch eigene Bedürfnisse haben, also gleichzeitig verschiedene Bedürfnisse gestillt werden müssen: meine und deine, einmal du und einmal ich – Nehmen und Geben. Wichtige Spielregeln fürs kommende Leben werden jetzt eingeübt, lebenswichtige Grundsätze, die bereits für das spätere Verhalten in Gruppen, Schulen, Arbeitsverhältnissen und Partnerschaften entscheidend sind.

Als Frau und Herr Müller zu mir in die Erziehungsberatung kamen, erzählte vor allem der Vater mit einem gewissen Stolz von ihrer Tochter, die sich weigerte, in den Kindergarten zu gehen. Bereits hatten sie viel unternommen, um ihre kleine Tochter wieder in den Kindergarten zu locken. Mit und ohne Begleitung, mit wunderbaren Versprechungen etc. Auch die Ratschläge der Kindergärtnerin schienen nicht mehr zu fruchten. Die Mutter war ziemlich erschöpft und resigniert. Als ich dann die Eltern aufforderte, mir einiges über ihre eigene Kinderzeit in ihren Herkunftsfamilien zu erzählen, wurde mir vieles klarer: Der Vater, früher ein ängstliches, unsicheres Büblein, war sehr überangepasst. Zudem litt er unter seinen drei grösseren Brüdern, die wussten, was sie wollten und weniger zimperlich waren. Auch in der Lehre konnte er sich nicht wehren und war lange nur immer der Laufbursche, sogar die jüngeren Lehrlinge kommandierten ihn herum. Umso stolzer war er als junger Vater jeweils, wenn seine Tochter schon mit zwei, drei Jahren kräftig immer wieder Nein brüllte und auch sehr eigenwillig in ihrer Kleiderwahl war. Er wollte, dass sie sich dereinst besser wehren könnte als er, und so durfte die kleine Anna schon sehr vieles selbst bestimmen: was sie anzog, was sie ass und wie sie den Tag verbringen wollte. Eigentlich ging Klein Anna gerne zu anderen Kindern; so be-

suchte sie schon vor dem Kindergarten ein Mukiturnen und eine Spielgruppe. Die Verweigerung des Kindergartens kam erst nach etwa drei Wochen, und auch die Kindergärtnerin schien ratlos zu sein. Als ich dann den Vater aufforderte, selber die Tochter wieder in den Kindergarten zu führen, ohne Wenn und Aber, verweigerte auch er. Ziemlich aufgebracht brüllte er plötzlich los: «Ich bin nicht noch einmal dabei, wenn man einem kleinen Kind brutal den Willen bricht. Das haben sie mit mir zu lange gemacht, diese Schweinehunde!»

Als er sich dann wieder beruhigte, fragte ich den jungen Vater, ob es richtig wäre, aus seinen Verletzungen und verpassten Verweigerungen nun eine rebellische Tochter zu erziehen, die so aber bald den An-schluss verlieren würde und irgendwann vor lauter Eigenwilligkeit wichtige soziale Beziehungen nicht mehr erleben könnte. Langsam dämmerte es auch ihm, dass er mit seiner Tochter eigentlich seine versäumte Opposition nachholen wollte.

Er war dann nach längerem offenem Gespräch mit der Begleitung einverstanden und berichtete mir später telefonisch, dass seine Tochter kaum Widerstand geleistet und eigentlich ganz fröhlich ihre Kamerädlein begrüsst und ihn bald darauf nach Hause geschickt hätte!

Das Lernen der Zusammenhänge in einer Gruppe, das Wohl der anderen und der Gemeinschaft, das ist soziale Kultur und muss gelernt werden. Kinder sind nicht einfach von Natur aus sozial und human eingestellt, im Gegenteil. Das Miteinander muss erst eingeübt werden. Nicht immer leicht zu begreifen, wo jeweils das Du oder das Wir beginnt.

Wenn nun in Familien Kinder aber der Mittelpunkt des Systems sind, sich alles nur um sie dreht und ihre Bedürfnisse immer zuerst kommen, dann können sie nicht lernen, wie das echte Zusammenleben spielt. Diese Kinder wären höchstens dazu geeignet, später Könige oder Diktatoren zu werden, nicht aber ein eingeordneter, liebenswerter Mitmensch, der auch mal Untertan sein kann.

«Dann zertrümmere ich dein Auto!» – Grenzenlos fordernde Kinder

Im Schulalter

In diesem Alter muss den Kindern schon viel Leistung abverlangt werden. In unserer komplizierten und immer anspruchsvoller werdenden Gesellschaft sollte diese kostbare Lernzeit optimal genutzt werden. Es macht Sinn, die Kinder rechtzeitig zu fördern und zu fordern. Leider ist es heute fast ein wenig verbreitet, die

Kinder vorerst eine Menge konsumieren zu lassen und ihnen erst viel später eigene Leistungen abzuverlangen. Wie die gegenwärtige Vergleichsstudie PISA zeigt, sinken auch immer mehr die effektiven Leistungen der Schüler. Beunruhigen sollte uns, dass wir für die Schulen mehr Geld ausgeben als andere Nationen und trotzdem nicht bessere Resultate erzielen.

Viele engagierte Lehrerinnen und Lehrer habe ich schon klagen hören, dass die Kinder heute eigentlich nur noch gut unterhalten werden wollen. Auf Lernen und langweiliges Einüben hätten sie null Bock: Nein danke, wir haben lieber Fun! **Es ist, als würden unsere Kinder heute falsch programmiert. Die Reize der Verführungen, der Abwechslung sind zu gross.** Zu viel ‹Ägschen› ist angesagt. Keine Weile und schon gar keine Langeweile mehr! Dabei wären Mussestunden genauso nötig, um die Fantasie der Kinder anzuregen, eigene Programme und Unterhaltung zu entwickeln.

Lisa war ein kluges, waches, etwas übergewichtiges zwölfjähriges Mädchen, als ich sie das erste Mal sah. Die Mutter war allein erziehend. Zwar hatte sie wieder einen Freund, der aber wegen Lisa wenig anwesend war. Lisa ertrage den neuen Freund nicht, und so sei es wohl klüger, wenn er nicht bei ihnen wohnen würde, sonst sei Lisa nicht zum Aushalten, klagte die Mutter resigniert. Überhaupt sei sie nudelfertig, und Lisa sei unmöglich grob mit ihr, vor allem verbal, aber auch handgreiflich. Sie könne sich bald nicht mehr wehren. Zudem würde Lisa immer mehr in der Schule abhängen, obschon sie eigentlich sehr intelligent sei. Neuerdings schwänze sie gar die Schule. Sie habe Lisa immer viel Freiheit gegeben, doch nun missbrauche sie diese zu sehr. Letzthin sei noch Folgendes geschehen: Sie hätten Streit wegen den hohen Kosten für das Handy gehabt. Darauf habe sie sich geweigert, der Tochter eine neue Karte zu kaufen. Lisa habe begonnen, sie schlimm zu beschimpfen, dann habe sie gebrüllt: «Andere Mädchen haben das auch. Wenn ich das nicht bekomme, zertrümmere ich dein Auto!» Dann sei sie vors Haus gerannt und habe demonstrativ auf der Kühlerhaube des Autos herumgetanzt. Die Nachbarn hätten den Kopf geschüttelt. Sie selbst habe sich nur noch geschämt!

Hier hat jemand die Spielregeln bereits heftig durcheinander gebracht. Die kleine Lisa missbraucht das mütterliche partnerschaftliche Denken sehr zu ihren Gunsten. Auch spielen in diesem Fall alte Schuldgefühle mit. Höchste Zeit, Grenzen zu setzen. Der Besitz eines Handys ist noch kein Menschenrecht!

Kinder im Schulalter verstehen es schon bestens, abzulenken und andere Themen als Schule und Lernen ‹anzuregen›. Sie können auch geschickt Vergleiche ziehen. Oft werden Eltern unter Druck gesetzt, andere Kinder hätten viel mehr Freizeit, mehr Taschengeld etc. Kaum ein Kind, das zu Hause erzählt, andere Kinder müssten viel früher zu Bett gehen, die anderen hätten fast kein Taschengeld oder müssten viel mehr Arbeit verrichten.

Vor allem kluge Kinder verpassen leicht im Schulalter ihre Chance, weil zu wenig auf Leistung gesetzt wird.

Schulkinder, die bereits unter Verwöhnung leiden, leisten kaum mehr das, was sie eigentlich könnten. Bereits beherrschen sie all die Tricks der cleveren Ausreden und Entschuldigungen. Bei Versagen sind dann die Lehrerschaft, die Eltern oder der doofe Hund des Nachbarn schuld, aber sicher nicht sie selbst: «Wo denkt ihr hin! Was fällt euch eigentlich ein? Geht es euch eigentlich noch! So gemein!»

Sie wirken nicht nur bequem und passiv, sondern sie sind es auch. Sie leiden unter zu wenig Frustrationstoleranz, sind schnell beleidigt, muff und überempfindlich schmollend. Absolut ungerecht finden sie es, wenn sie mal mithelfen sollten.

Leider können verwöhnte Schulkinder aber auch schon verbal sehr verletzend sein. Höchste Zeit, Fehlverhalten nicht nur zu analysieren und zu kommentieren, sondern zu stoppen mittels Handlungen und Konsequenzen durch die Erwachsenen.

«Ihr habt mir nichts mehr zu sagen!» – Verspielte Autorität

Im Jugendalter

Wenn die Verwöhnung schon einige Jahre fortgeschritten ist, dann sind die Symptome und die Verhaltensweisen bei Jugendlichen schon sehr happig und bedrohlich.

Sie setzen sich zum Beispiel bereits über Abmachungen kühn hinweg. Es ist ihnen scheissegal, was die Eltern und Lehrer quatschen. Sie haben gelernt zu verweigern, sich durchzusetzen und vor allem ihren eigenen Befriedigungen nachzugehen. Werden sie dann auf ihr Verhalten angesprochen, kontern sie bissig. Die verunsicherten Eltern nehmen dann oft ihre Kritik wieder zurück, und das Gewurstel geht weiter. Oder die Halbwüchsigen setzen ihre List und ihren Charme ein und erreichen so ihre Ziele. Ihre eigenen Ansprüche und Leistungen klaffen immer weiter auseinander. Sie fordern den gewohnten Lebensstandard ein, hingegen lässt der persönliche Einsatz in Schulleistungen oder Lehre rapide nach. Natürlich ist es schwierig, neben dem enormen Pensum an Konsumationen noch genügend Power und Zeit für Leistungen zu finden ... Zudem ist ihnen alles, was nach Wiederholung, Durchhalten und Üben schmeckt, ein Gräuel.

Gefährlich wird es dann, wenn diese verwöhnten Jugendlichen Gleichgesinnte finden und einander noch stützen in den Forderungen und Verweigerungen.

Die Eltern von Mario kamen ziemlich ausgebrannt in die Erziehungsberatung. Sie stammten aus einem südlichen Land, waren äusserst diszipliniert und fleissig. Der Vater hatte sich ein eigenes Geschäft aufgebaut, obwohl er in seinem Heimatland nur fünf Jahre zur Schule gegangen war. Die Mutter führte einen kleinen Lebensmittelladen neben ihren vier Kindern – drei Mädchen und ein Sohn. Mario, 15 Jahre alt, war der Namensträger nach zwei älteren Schwestern. Eigentlich war er ein charmanter, weicher und lieber Kerl. Die Eltern verwöhnten Mario einerseits wohl ein wenig aus Schuldgefühlen, weil sie kaum Zeit für ein wirkliches Familienleben hatten, anderseits war Mario aber auch der Spielball im Zweikampf der Eltern, wie ich aus der Paardynamik entnahm. Abwechslungsweise verwöhnte nämlich ein Partner dann wieder den Knaben, wenn der andere Härte forderte.

Mario war in der Schule nicht mehr tragbar, seine Leistungen waren auf null, dazu kamen sein Drogenkonsum und kleinere Delikte. Ab und zu klaute er bereits Vaters Auto für nächtliche Spritzfahrten. Anfangs waren die erschöpften Eltern froh, als ich Mario in eine tragfähige Pflegefamilie platzierte. Sie waren erleichtert und beinahe unterwürfig. Auch gegenüber den neuen Pflegeeltern waren sie sehr dankbar und überfreundlich. Die Forderungen der Pflegeeltern waren bestimmt, konsequent und sinnvoll, den Fähigkeiten von Mario angepasst. Es ging erstaunlich gut. Mario konnte am neuen Ort wieder zur Schule gehen, pflegte einen altersgemässen Kontakt zum Jugendlichen der Pflegefamilie. Bald aber ermüdete Mario von neuem, merkte, wie er der neuen Konsequenz ausweichen konnte, indem er sich nämlich mit seinen schuldbeladenen Eltern wieder gut stellte. Nun hatte er starke Verbündete. Obschon der Vater einen riesigen Respekt vor Drogen hatte, stopfte er seinem 15-jährigen Sohn monatlich mehrere hundert Franken zu. Dies absolut gegen unsere Abmachungen und ohne unser Wissen. Natürlich nahm der Drogenkonsum bald wieder seinen Lauf, die anfänglich guten Leistungen sackten weg, und bald waren auch die Pflegeeltern erschöpft und gaben auf. Es durfte wohl nicht sein, dass es andere Eltern schafften.

Mario wurde vorerst wieder nach Hause genommen mit unheimlich süssen gegenseitigen Versprechungen. Nach ein paar Wochen war er wieder voll in der Verweigerung, schwänzte die Schule und konsumierte Drogen. Dann wurde er beim Dealen erwischt und von der Jugendanwaltschaft in eine Drogenentzugsstation überwiesen. Und so weiter und so fort ...

Verwöhnte Jugendliche können ihre Eltern und andere hilflose Erwachsene schon ganz gewaltig unter Druck setzen. Vor allem mit Drogenkonsum lassen sich besorgte Eltern leicht erschrecken. Sie suchen dann anfangs allzu oft die Fehler bei sich und werden wenn möglich noch von inkompetenten und naiven Fachpersonen zurückgebunden, nun endlich zu handeln. **Das Suchtverhalten macht Jugendliche interessant, und sie werden erst recht wieder in den Mittelpunkt gesetzt.** Jetzt bekommen sie nochmals intensiv die fürsorgliche Wärme der Eltern zu spüren. Die Selbstverantwortung wird delegiert an andere, und eine unglückliche Suchtproblematik beginnt. Kommen Leistungsanforderungen oder andere frustrationsanfällige Erwartungen auf die verwöhnten Kinder zu, fallen sie zurück ins Konsumieren und wähnen sich so allen weltlichen Schwierigkeiten fern.

Oder es scheisst sie alles an, sie haben null Bock auf Leistung und Engagement. Wenn nötig drohen sie mit Suizid. Und dieser Trumpf wird nun voll ausgespielt. Eltern werden damit nicht nur erschreckt, sondern regelrecht erpresst. Diese Drohungen wirken. Wer übernimmt schon die Verantwortung und hat den Mut, sich über diese Androhungen hinwegzusetzen und sich den Jugendlichen wirklich entgegenzustellen? Meistens wird dann vonseiten der Erwachsenen noch mehr Verständnis aufgebracht, und die Verwöhnungsspirale nimmt ihren weiteren Lauf.

Verwöhnte Jugendliche haben teilweise ein gefährliches Mass an Selbstzerstörung erreicht. Häufig haben sie selbst nicht mehr die Härte, sich aus der Verwöhnung zu befreien. Und den Menschen rundherum nehmen sie mit ihren Suizid-Androhungen den Mut, Konsequenzen zu ziehen und Veränderungen anzugehen.

Als Erziehungsberater wurden mir einige verwöhnte Jugendliche vorgeführt, die ihre Eltern mit Selbstmorddrohungen total verunsichert haben. Sie alle waren stark mit sich selbst beschäftigt, puddingweich, babyhaft fordernd, im Grunde wenig suizidgefährdet. Trotzdem sind sie schwierig einzuschätzen und unberechenbar. Mit ihren geschickten Drohungen verhindern sie jegliche Interventionen und härteren Spielregeln. Eine schlimme Angelegenheit!

«Oma, gehorch jetzt endlich!» ... und weitere kuriose Beispiele

Die kleine Maria, ein lebhaftes, leicht verwöhntes fünfjähriges Einzelkind, durfte mit ihrer Oma für ein paar Tage in die Ferien fahren. Bereits im Vorfeld der Reise hatte die Mutter von Maria mit der Schwiegermutter abgeklärt, ob sie dieser Aufgabe wohl gewachsen sei. So hatte die junge Mama die erfahrene vierfache Mutter befragt, wie sie dies und jenes handhaben würde. Die Oma unterzog sich den pädagogischen Prüfungsfragen und ‹bestand›! Bald durfte sie mit der kleinen Maria losfahren. Maria, ziemlich vorwitzig, wollte in der Ferienwohnung sofort alles in die Finger nehmen und auf den Kopf stellen. Als ihr Oma etwas entnervt eine Tatze auf die Finger gab, schaute Maria sie entsetzt an und fitzte ihr sofort ein paar kräftige Tatzen zurück, mit dem Kommentar: «Also Oma, so was macht man doch nicht mit einem Kind!»

Abends kämpfte die Oma weiter um ihre Autorität und knurrte entnervt: «Maria, jetzt gehorche einmal!»

Am anderen Morgen wollte die Oma noch etwas liegen bleiben. Die kleine Maria hingegen beschloss, dass jetzt Zeit zum Aufstehen sei, und rief energisch ins Schlafzimmer der Grossmutter: «Oma, gehorche jetzt endlich, sonst schicke ich dich wieder nach Hause!»

Maxli, der Rülpser

Maxli, fünf Jahre alt, rülpst ständig. Er kann es noch nicht richtig, das Geräusch hat keine Tiefe und ist ein wenig blass, das liegt wohl am fehlenden Resonanzboden bei Fünfjährigen. Aber er übt fleissig.

Die Eltern: «Maxli, kannst du das bitte mal lassen? Man rülpst nicht, schon gar nicht, wenn Besuch da ist.» Max rülpst. «Du, Max, das finden wir jetzt echt nicht gut. Lass das bitte!» Max rülpst. Die Eltern – Versuch einer paradoxen Intervention – : «Max, wir hören es gerne, wenn du rülpst, das Geräusch gefällt uns, bitte rülpse noch mehr!» Kurzes Nachdenken. Max rülpst.

Die Eltern unter sich: «Wir müssen das Rülpsen ignorieren. Es geht ihm nur darum, auf sich aufmerksam zu machen. Er ist halt der Zweitgeborene, vergessen wir das nicht.» Max rülpst. Die Eltern denken darüber nach, ob es sinnvoll wäre, mit dem Kind zum Arzt zu gehen. Es könnte ja Verdauungsprobleme haben. Aber sie verwerfen den Gedanken, der Stuhlgang des Knaben ist normal. Max rülpst.

Die Eltern fragen sich: «Ist Rülpsen schlimm? Sind wir nicht Spiesser, dass wir uns am Rülpsen eines Fünfjährigen stören?» Der Vater ruft: «Es stört mich aber doch, verdammt!» Max rülpst. Die Eltern laut: «Max, es reicht jetzt, verdammt noch mal, wenn du nicht aufhörst, müssen wir dich ins Zimmer schicken, denn du störst alle anderen am Tisch.» Max rülpst.

Die Eltern bringen Max in sein Zimmer. Das Kind schreit, klagt, weint, öffnet die Zimmertüre und schlägt sie wieder zu, bejammert sein Schicksal, brüllt seine Wut hinaus. Die Eltern haben Mitleid, gehen nach oben: «Du darfst jetzt wieder herunterkommen, wenn du nicht mehr rülpst.» Max kommt wieder an den Esstisch, setzt sich mit schmollendem Gesicht auf seinen Platz. Die Eltern denken: Es war hart, aber nun haben wir es geschafft. Es kehrt Ruhe ein im Haus, endlich Stille am Tisch, Frieden in den Herzen der Erziehenden. Da – Maxli rülpst wieder! *Axel Hacke*

Nein, diese Suppe ess ich nicht!

Ein Kollege von mir, ein Lehrer, will mit seinen Fünftklässlern ein Skilager durchführen. Eine besorgte Mutter telefoniert dem Lehrer drei Tage vorher: «Mein Sohn isst keine Suppe. Ich habe aber gehört, dass es in ihrem Lager Suppe geben wird. Bitte denken Sie rechtzeitig daran, meinem Sohn etwas anderes aufzutischen, da er sonst ...!»

Bitte nicht stören!

Ein zehnjähriger Schüler hat beim Schularzt in unserer Stadt einen Termin. Seine Mutter telefoniert dem zuständigen Dienst: «Mein Sohn hat keine Lust, zu diesem Termin zu kommen, er hat jetzt nämlich Ferien. Bitte bemühen Sie sich um einen neuen Termin!»

Die Mutter wirds schon richten!

Eine Mutter versorgte während Monaten ihre vierzehnjährige Tochter und etwa dreissig weitere Jugendliche mit Drogen. Beim Einschreiten der Polizei und Jugendanwaltschaft wurden rund 25 Kilogramm Haschisch beschlagnahmt.

Zeitungsbericht, Juni 2002

Hey, wir haben eine Party!

Ein befreundeter Hausarzt hatte Wochenenddienst und wurde morgens um 2 Uhr von der Ambulanz zu einer Jugendparty gerufen, weil eine junge Frau in einer dramatischen physischen und psychischen Verfassung war und in eine Klinik eingewiesen werden sollte. Als mein Freund dort eintraf, ging das Fest fröhlich weiter, niemand der jungen Erwachsenen kümmerte sich um die verwirrte Frau. Ohne die Musik leiser zu stellen, ohne Rücksicht auf die Gesprächsbemühungen des Arztes zogen die Jungen ihre Party durch. Auch keiner beachtete die Bemühungen der Ambulanzhelfer.

Fun muss sein! Für ‹Störungen› hat man doch die Dienste unserer Gesellschaft. All diese Ichlinge fühlten sich nicht angesprochen in ihrer Nächstenliebe. Keine Rücksichtnahme bei Krisen ihrer Kumpel. Ein unheimliches, autistisches und egotripiges Verhalten!

Das ist doch mein gewohnter Lebensstil!

Ein junger, lebhafter Mann, der als Anlageberater auf einer Schweizer Bank arbeitet, wünscht einen Termin, um seine Finanzen mit mir besprechen zu können. Selbstkritisch kommt er zum Thema: Er verdiene gut, würde eigentlich gerne einmal eine Familie gründen, aber sein Einkommen reiche hinten und vorne nicht.

Der 26-jährige Mann lebt allein, hat einen stolzen Lohn von etwas mehr als 7000 Franken und wird zudem immer wieder von zu Hause unterstützt. Den neuen BMW habe sein Vater bezahlt. Er selbst könne beim besten Willen nichts auf die hohe Kante legen, sei immer leicht verschuldet und stehe unter enormem finanziellem Druck.

Was mir gleich auffällt, sind die hohen Kosten für Miete, Auto und Freizeit. Der sympathische Mann ist sehr offen, zugänglich, verteidigt aber seine gegenwärtigen Auslagen, als gehe es um Sein oder Nichtsein. Er macht immer wieder Quervergleiche zu Freunden, die ähnlich leben würden wie er. Alle hätten immer wieder ein finanzielles ‹Puff›, aber es sollte doch irgendwie gehen, ohne dass alles so ‹huere wehtun› müsste. Wir rangen mehrere Stunden, um die hohen Auslagen zu senken, aber der gewiefte und gesprächsgeübte Powermann verteidigte seinen hohen Standard mit Bravour, gegen Ende des Gesprächs gar mit Tränen in den Augen. Er verabschiedete sich dann mit der Bemerkung, er müsse wohl selbst nochmals über die Bücher, und schenkte mir für alle meine Interventionen ein müdes Lächeln. Ich könne halt seine Bedürfnisse einfach nicht nachvollziehen, er lebe doch nur seinen Lebensstil, wie er ihn von zu Hause gewohnt sei ...

Ivan, der standhafte kleine Häuptling

Ivanli sollte dringend zum Zahnarzt. Das ist aber leichter gesagt als getan. Ivanli, ein achtjähriger kleiner ‹Häuptling›, liebt es gar nicht, wenn ihm einfach so in den Mund geguckt wird. Das erste

Mal ist die Mutter bei ihm und versucht immer wieder liebevoll Ivanli zu überreden: «Soo, Ivanli, mach jetz endli dys Müüli uuf, damit d Frau Dokter yeluege cha. Es tuet doch gar nid weh!» Nach entnervenden zehn Minuten gibt die Zahnärztin auf und fordert die Mutter verständnisvoll auf, ein anderes Mal wieder zu kommen. In der Hoffnung, dass der Vater mehr Autorität haben könnte, meint sie: «So quasi von Mann zu Mann ... Sie wissen schon.»

Die Mama willigt ein. Doch Ivanli bleibt standhaft. Papa versucht es auf seine Weise, er ist Bänkler und investiert: «Ivanli, wenn du jetzt aufmachst, gehen wir anschliessend Cremeschnitten essen, so viel du willst!» Doch Ivanli bleibt wacker! Wieder wird die Übung abgebrochen, und die leicht gereizte Zahnärztin gibt den Tipp, sie müssten es vorher besser mit ihrem Sohn besprechen und dann vereinbaren, was ablaufen soll. Gekränkt zieht auch der Vater mit seinem Sohn von dannen.

Stolz kommen beim dritten Anlauf beide Eltern mit und verkünden, dass es jetzt klappen würde, sie hätten nämlich zu Hause geübt. Schon zweimal hätte Ivanli das Müüli aufgemacht. Doch es muss an der mittelalterlichen Zahnärztin liegen, denn Ivanli bleibt geschlossen. Nach einigen Minuten bricht die böse Zahnärztin die Übung ab. Sie möchte Ivanli nicht mehr behandeln. Für die Eltern ist nun völlig klar: Das Problem war diese ungeduldige, kinderfeindliche Frau in Weiss ...

Alle diese Geschichten finden hier unten auf unserer Erde statt! Ein Berufskollege hat einmal gesagt: «Luftschlösser bauen wir alle, problematisch wird es erst, wenn wir versuchen, in ihnen zu wohnen.»

Ursachen der Verwöhnung

Dass Eltern Kinder verwöhnen, obschon sie nur das Beste für sie wünschen, hat viele Ursachen. Mitverantwortlich können verschiedene Verletzungen und Defizite in persönlichen Lebensgeschichten sein. Häufig sind auch unverarbeitete Ängste und Schuldgefühle mit im Spiel. Die Verwöhnung ist dann eine Art Kompensation innerhalb der eigenen Lebensläufe. Weil irgendwo etwas in der eigenen Biografie fehlte, wird es umso mehr in diesem oder jenem Bereich den Kindern übermässig angeboten.

Wenn nun hauptsächlich von den Müttern die Rede ist, dann deshalb, weil sie ja in unserer Zeit vorwiegend die Erziehungsarbeit leisten. Sie sind in den meisten Familien die Machenden. Und wer viel macht, bekommt nach und nach auch viel Macht – und die Verantwortung. Es ist aber absolut nicht meine Absicht, all die engagierten Mütter deswegen anzuklagen. Im Gegenteil: Vielmehr möchte ich mithelfen, dass ihre grosse Liebe und Aufmerksamkeit den Kindern ohne Schaden zugute kommt und sie zu gesunden Erwachsenen gedeihen.

Es stellt sich die Frage, ob die Mütter, die durch Schwangerschaft und Geburt hautnah bei ihren Kindern sind und ihnen das Leben schenken, vielleicht später gerade deswegen ‹zu nahe dran› bleiben. Können Mütter von Natur und Schöpfung her nicht anders, als ihre Himmelskinder zu verwöhnen? Früher war dies weniger der Fall, weil Verwöhnung unter den damaligen Umständen und bei den grossen Kinderzahlen gar nicht möglich war.

Interessant wäre natürlich auch der Gedanke, ob das Thema der Verwöhnung ebenfalls so aktuell wäre, wenn die Väter vermehrt die Erziehung übernehmen würden. Aber wieder einmal haben die Männer das Glück, dass sie den Beweis gegenwärtig nicht erbringen ‹können› oder müssen ...

Verwöhnte Kinder fallen nicht vom Himmel!

Die nächsten Kapitel beschreiben ein paar Ursachen der Verwöhnung unserer Tage. Nicht um betroffene Eltern zu verurteilen, sondern vielmehr um Zusammenhänge aufzuzeigen, in der Hoffnung, künftig schlimmeres Leiden in engagierten Familien zu verhindern oder mindern zu helfen.

«Kinder im Mittelpunkt» – Die Tücken der Kleinfamilie

Wenn wir die Geschichte über die Entwicklungen der Familienkulturen verfolgen, wird klar ersichtlich, dass Kinder noch nie derart im Mittelpunkt standen wie heute. Früher waren Eltern vorwiegend mit dem Existenzkampf beschäftigt, arbeiteten unheimlich hart und nebenbei schenkten sie ihre Aufmerksamkeit, so gut es eben ging, noch ihren zahlreichen Kindern. Diese hatten wohl irgendwo ihre Nischen, mussten aber in den landwirtschaftlichen oder in andern Kleinbetrieben wacker mithelfen. Die Mithilfe der Kinder war meistens selbstverständlich, sogar Kinderarbeit kam häufig vor.

Heute haben wir eine neue Situation: Kinder wachsen meistens als Einzelkinder oder zu zweit im Mittelpunkt von Kleinfamilien auf. Doch diese Systeme haben einen grossen Mangel: **Kleinfamilien haben zu wenig Mitbewohner, die ebenfalls menschliche Forderungen stellen und Bedürfnisse befriedigt haben wollen.** Folglich dreht sich der ganze Tagesablauf mehrheitlich um die Kinder. Die Eltern sind vorwiegend fürsorglich für sie da, schenken ihnen grösste Aufmerksamkeit und wollen nur das Beste. Sie stellen gar ihre persönlichen Bedürfnisse zurück. Die Elternschaft geht vor: «Wir wollten Kinder, also sollen sie es auch gut haben!» Zum Teil werden Kinder zum einzigen Sinn des Lebens gemacht.

In bequem eingerichteten Haushalten mit wenigen alltäglichen Arbeitsgängen und mit vielseitigem Freizeitangebot wachsen sie auf. Wenn wunderts, wenn diese Kids auch immer mehr der Ansicht sind, sie seien wirklich die Mitte des Universums. Alles dreht sich um sie. Es gibt kaum andere ihnen ebenbürtige Personen, die ihnen etwas streitig machen.

Sie geben den Ton, den Rhythmus und den Takt an und haben oft das letzte Wort. Die Mütter und Väter dienen ihnen zu, chauffieren sie zu ihren Aktivitäten, und eigentlich wäre die Welt in Ordnung für all die kleinen bedienten Himmelskinder. Leider aber macht diese Art des Aufwachsens die kleinen Töchter und Söhne nicht nur satt und glücklich, sondern oft zu noch mehr fordernden und verwöhnten Jugendlichen. Zudem wächst der Anspruch, immer im Mittelpunkt zu sein, zur Selbstverständlichkeit.

> Die Eltern kommen erschöpft mit ihrem Sohn Andi, einem gross gewachsenen 17-jährigen, begabten Gymischüler, zu einer Beratung. Sie begreifen die Welt nicht mehr. Sie beide haben sich all die Jahre enorm für ihren Sohn eingesetzt, ihm alles ermöglicht, ihn zum Beispiel stets dorthin gefahren, wo er hin musste oder wollte, und nun wird es wöchentlich schlimmer: Andi arbeitet kaum noch was für die Schule, dafür geht er wenn immer möglich in den Ausgang mit seinen Freunden. Er braucht immer mehr Geld, kifft und vernachlässigt sein sportliches Training. Letzthin hatte er auch noch einen nächtlichen Unfall mit Vaters Auto.

> Für Andi ist ganz klar: Eigentlich waren seine Eltern schuld an diesem doofen Autounfall. Wäre jemand von ihnen zu Hause gewesen für den Transportdienst, hätte er Vaters Auto nicht klauen müssen. Es sei auch nicht seine Schuld, dass sie so saublöd ausserhalb der Stadt wohnten und seine Freunde in der Stadt lebten. Mit den Dorftrotteln könne er schon längst nichts mehr anfangen. Ja, es sei ein wenig dumm gelaufen, der kleine Unfall mit Vaters Auto, aber dafür hätten sie doch eine Versicherung. Warum auch diese Aufregung? Dann gab er mir noch den liebenswerten Tipp: «Sie behandeln besser einmal meine Eltern, damit sie etwas cooler werden!»

Für diesen Jüngling gehört nun bereits der tägliche Taxidienst zum Ämtli der Eltern. Scheinbar bereits ein Menschenrecht. Ausserdem, wenn Schäden und Kosten entstehen, gibt es in dieser Welt doch längst Versicherungen. Also, was soll die Aufregung der Eltern?

All die enormen Bequemlichkeiten und Dienstleistungen rundherum prägen das Denken und Handeln dieser Jugendlichen, machen sie cool und sorglos. Leichtfertig gehen sie mit dem Geld ihrer Eltern um. Die Welt ist doch da, um von ihnen ‹benützt› zu werden. Abgesehen davon sind sie meistens noch die einzigen Stammhalter. Ein Grund mehr, absolut im Mittelpunkt zu stehen. Eine konfuse Verpflichtung der Eltern ihren Vorvätern gegenüber, zu dieser Generation von Einzelkindern besonders Sorge zu tragen! Darum wohl oft dieser Übereifer.

Ein älterer Lehrer sagte einmal: «Früher wurden Kinder beklatscht, wenn sie eine gute Leistung vollbracht hatten. Heute werden sie täglich beklatscht. Allein schon, weil sie Kinder sind.»

«Sie sollen es besser haben!» – Zu kurz gekommene Eltern

Ist nicht nachfühlbar, wenn Eltern, die in ihrer Kindheit unter Defiziten viel gelitten haben, es später besser machen wollen? Wenn sie sich wehren, das durchlittene Manko und den erlebten Schmerz weiterzugeben nach dem Motto: Die Schläge haben uns schliesslich nicht geschadet ...? Leider ist dieses unreflektierte Weitergeben noch sehr verbreitet. In der Familientherapie spricht man von ‹vererbten Mustern›, die über Generationen weitergereicht werden. Aber nicht ein Vererben durch die körperliche Erbmasse, sondern durch Verhaltensmuster. Ein Weitergeben durch das Lernen am Modell.

Daher sind Eltern eigentlich vorbildlich, die bewusst hinschauen und versuchen, Negatives, Defizitäres und Verletzendes nicht weiter auf die Kinder zu übertragen. Es ist auch absolut richtig, etwas verändern zu wollen. **Tragisch ist aber, dass viele über das Ziel hinausschiessen, weil sie sich nicht vorstellen können, dass auch zu viel des Guten gegeben werden kann.**

Übertragungsfehler geschehen leicht, vor allem wenn zwei ‹verletzte Kinder› zusammenkommen, die dann beinahe einen Feldzug gegen das sie damals Verletzende führen. Wenn sie mit einem missionarischen Eifer versuchen, bei den Kindern tagtäglich nur schon Ansätze des eigenen erlebten Mankos sofort mit dem Gegenteil zu stopfen:

> Susanne wuchs in einem Restaurantbetrieb auf, wo die Mutter täglich in der Beiz stand, extrem viel arbeitete und für die kleine Susanne schrecklich wenig Zeit hatte. Aus dem schlechten Gewissen heraus gab sie dann immer wieder die Kinder weg, damit sie wenigstens in den Ferien nicht zu kurz kommen würden. Dieses ewige Weggeben war aber für die kleine Susanne bedrohlich. Sie erlebte es als lieblos und verletzend.
>
> Martin, in einer Metzgerei aufgewachsen, wo die Mutter ebenfalls täglich hinter dem Ladentisch stand und für Klein Martin die notwendige Zeit nicht fand, war ein sensibler kleiner Bub, konnte nicht wie seine Brüder wenigstens beim Vater Zuwendung und Nähe finden, weil er diese rohen Bilder der toten Tiere im Schlachthaus einfach nicht ertrug. Immer machte er einen grossen Bogen um den Arbeitsplatz des Vaters und fühlte sich daher oft schrecklich allein. Doch dieses Alleinsein beflügelte seine Fantasien, er wurde ein guter Beobachter und später ein erfolgreicher Grafiker.
>
> Schon vor der Hochzeit gelobten diese beiden jungen Menschen, ihren eigenen Kindern einmal genügend Zeit und Zuwendung zu schenken. Und das taten sie dann auch. Aber mit einer solchen Intensität, dass ihre beiden an sich gesunden Kinder bald schlimme Symptome der Verwöhnung aufzeigten.

Wer kann diesen beiden gut meinenden und äusserst liebenswerten Menschen schon böse sein? Leider war es noch so, dass eigentlich Martin bald merkte, dass sie die Kinder zu sehr in den

Mittelpunkt stellten. Er wollte aber Streitgespräche mit seiner Frau vermeiden. Susanne war sehr empfindlich bei diesem Thema. Sie empfand ein Hinterfragen sofort als Kritik und Ablehnung und fühlte sich dann ähnlich unverstanden wie damals als Klein Susanne. Martin kannte all ihre Verletzungen und wollte darum seiner Frau, die er wirklich liebte, nicht wehtun. Dieses Schonen führte aber zu jahrelangem Mittun an der Übersättigung der Kinder, und eine Folge der Verwöhnung war, dass beide Kinder nicht die ihnen angemessenen Schulleistungen erbrachten, weil sie träge geworden waren.

Zu schade, dass dieses Kompensieren von zu kurz gekommenen Eltern nicht aufgeht. Eigentlich verdienten diese Mütter und Väter, dass ihre selbstlose Art belohnt würde. Aber niemand wird es ihnen danken. Schon gar nicht die eigenen verwöhnten Kinder!

«Wir wollen nicht streiten!» – Angst vor Ablehnung und Konflikten

Meist sind es sanftmütige Eltern, die um fast jeden Preis versuchen, alles friedlich zu lösen. Es sind nicht bequeme, sondern eher etwas verunsicherte, gutmütige Erwachsene, die aus verschiedenen Ängsten heraus Streitgespräche und Auseinandersetzungen meiden. Sie lieben die Harmonie, die Rücksichtnahme, kurz: Sie streben ein idyllisches Miteinander an. Auch innerhalb der Partnerschaft tragen sie fast keine Meinungsverschiedenheiten aus, sondern suchen schnell und leise ‹vernünftige Kompromisse›. Das heisst: **Eher gibt man seinen Standpunkt und sein eigenes Interesse auf, als dass man in heftige Auseinandersetzungen gerät.**

Dieselbe Kultur gilt dann auch für die Erziehung. Kinder erkennen aber diese Schwäche der Eltern sehr bald. Bereits in den ersten Lebensjahren merken sie, dass sie nur genügend brüllen, stämpfeln und schmollen müssen. Und schon geben Mutter und Vater

nach, indem sie ihrem Kind, das ‹etwas aus dem Häuschen geraten ist›, sofort entgegenkommen und halt auf die Wünsche und Forderungen des kleinen Prinzen oder der kleinen Prinzessin eingehen. «Es lernt es dann später schon noch, Schatz!», beruhigen sie einander.

Linda und Otto haben sich in einem kirchlichen Jugendlager kennen gelernt. Neben den körperlichen Gefühlen war es auch die religiöse Übereinstimmung, welche bald die beiden jungen Menschen zueinander führte. Linda, in einem Pfarrhaus aufgewachsen, hatte eine harmonische und glückliche Jugend verbracht. Zwar sei es sehr streng christlich zu und her gegangen, aber gerecht und mit viel Harmonie.

Otto hingegen hatte einen jähzornigen Vater, der vor allem nach Alkoholgenuss sehr bedrohlich für seine Ehefrau und die beiden Buben sein konnte. Die Mutter von Otto, eine fromme Frau, ertrug sehr viel, damit sich die Situation jeweils in Ottos Elternhaus nicht noch mehr verschlimmerte, wie er beschämt und etwas stockend erzählt.

Nun haben sie selbst zwei Knaben, und vor allem der Erstgeborene, Stefan, macht ihnen grosse Sorgen. Er sei halt wie der Grossvater, werde leicht erregt und jähzornig, meint sein Vater. Am ehesten könne sich Stefan wieder beruhigen, indem sie dann jeweils von ihm lassen oder ihm halt seine Wünsche erfüllen würden. Später, wenn er sich jeweils wieder beruhigt habe, würden sie ihm aber erklären, dass sein Verhalten so nicht gehe. Schliesslich seien dann alle froh, wenn schnell wieder Frieden im Hause sei ...

Oft ist es gar nicht so leicht, bei solch friedliebenden Eltern eine Veränderung in der Erziehungshaltung zu erreichen. Es ist, als wollte man überzeugte Vegetarier mit auf die Jagd nehmen. Sie sind zwar bereit für eine Korrektur, aber es fällt ihnen äusserst schwer, die notwendigen Auseinandersetzungen mit ihren bereits kecken Söhnen aufzunehmen.

«Es müsste doch auch auf friedliche Art möglich sein. Meinen Sie nicht, dass unsere Buben, wenn sie etwas älter sind, besser begreifen, dass es so natürlich nicht geht?» – «Würden nicht Sie einmal deutlich mit unserem Kind reden?»

Hinter dieser Konfliktscheu steckt oft auch die Furcht der Eltern vor Liebesverlust. Sie könnten ja die Liebe der Kinder verlieren. Schlimm, dass Kinder auch diese schwachen Stellen der Eltern bald erkennen und zu ihren Gunsten ausnutzen: «Wenn ich jetzt nicht fernsehen darf, dann gebe ich dir keinen Gute-Nacht-Kuss!»– «Ihr habt mich ja gar nicht mehr lieb, wenn ihr mir das nicht erlaubt!» Etc.

Die Tragik der eher harmoniesüchtigen Eltern ist, dass sie anfänglich den kleinen Konflikten mit ihren kleinen Kindern ausweichen und später dann, wenn ihre Kinder grösser sind, umso grösseren Konflikten gegenüberstehen. Oft sind diese ihnen dann jeweils eine Nasenlänge voraus: in der Lautstärke, in der Heftigkeit und in der Ausdauer!

«Hotel Mama – immer geöffnet» – Vernarrt in die eigenen Kinder

Das Folgende soll nicht als Angriff auf all die engagierten Mütter verstanden werden, sondern vielmehr ein Versuch sein, ein an sich gut gemeintes mütterliches Verhalten ein bisschen unter die Lupe zu nehmen.

Natürlich ist es verständlich, dass junge Mütter fasziniert sind von ihren Kindern. Es ist ja auch ein gewaltiges Wunder, wie Kinder gedeihen und sich entwickeln. Kinder verdienen eine sorgfältige Aufmerksamkeit.

Doch in unserer Zeit beobachtet man eigenartige Formen: Familien, in denen die Kinder unglaublich viel Platz einnehmen. Wo Kinder nicht mehr am Tisch sitzen, sondern buchstäblich auf dem Tisch stehen. Sie schreien Befehle und Wünsche durch die Räume, konsumieren mit den Augen, den Ohren und dem Mund gleichzeitig wild drauflos. Um den Familientisch sind Szenen wie diese nicht selten anzutreffen: Irgendwo hantiert eine erschöpfte Mutter, Kinder rümpfen die Nase, stochern leicht angewidert im Teller herum oder motzen kräftig drauflos. Verzweifelt versuchen hilflose Mütter die Unzufriedenen zu beruhigen. Ein Machtwort wird kaum ausgesprochen, sondern es werden eher Bittworte geäussert wie: «Probier doch erst einmal davon, Liebling!» Die Konversation wird nur von den Kindern bestritten. Und die Mütter stehen ganz im Dienste ihrer Kinder!

Es ist nachfühlbar, dass junge Mütter, geprägt durch das eindrückliche Erlebnis der Schwangerschaft, der Geburt und der intensiven Säuglingszeit, leicht in diese übermässige Mutterliebe hineingeraten. Für sie werden die Kinder in dieser Zeit nun mal zwangsläufig zum Mittelpunkt ihres Alltages und all ihrer Gefühle. Sie müssen die ganze Aufmerksamkeit dem noch lebensuntüchtigen Wesen schenken. Leicht entstehen Symbiosen zwischen Mutter und Kind.

> Auffällig war, dass Frau Gut in unserer ersten Beratungssitzung in Anwesenheit ihres Mannes immer von «meinen Kindern» sprach. Darauf angesprochen, ob es nicht gemeinsame Kinder seien, meinte sie nachdenklich: «Nein, es sind schon meine Kinder. Wissen Sie, ich allein habe echtes Verständnis für sie. Mein Mann kann sie doch gar nicht verstehen. Es ist, als wäre er schon zu altmodisch dazu. Zudem ist er häufig beruflich abwesend. Und wissen Sie, die Kinder kommen ohnehin stets mit ihren Anliegen zu mir, auch an Wochenenden, wenn er hier ist. Oft wäre es sogar leichter für uns, wenn er gar nicht mehr bei uns wäre. Er hat einfach zu wenig Interesse und Verständnis für die Kinder!»
>
> «Sehen Sie, so redet sie über mich! Ist das noch normal?», fragte Herr Gut ohne ersichtlichen Zorn.

All-zu-nahe-dran-Sein lässt andere wichtige Dinge, zum Beispiel die Partnerpflege, in den Hintergrund gleiten. Frauen empfinden in diesen oft ungemein intensiven Gefühlen, dass ihre Männer viel zu wenig Interesse und Verständnis für die heranwachsenden Kinder hätten. Daraus wiederum entstehen lieblose Gefühle zwischen den Partnern. Es gibt dann junge Frauen, die in dieser Zeit die Nähe ihrer Männer psychisch und physisch fast nicht mehr ertragen. Oft haben sie auch kein Bedürfnis mehr, mit ihnen zu schlafen.

Es wird zu viel Elternschaft und zu wenig Partnerschaft gepflegt. Die Kinder stehen so sehr im Mittelpunkt, dass die Väter eifersüchtig werden oder wegschleichen. Sie können oder wollen nicht mithalten. Viele junge Familien zerbrechen in dieser Zeit. Doch was hilft es den Kindern, wenn sie zwar von ihren Müttern unheimlich aufmerksam bedient werden, aber irgendwann ihre Väter verlieren?

Gegenwärtig ist auch zu beobachten, dass gerade eher verwöhnte und bequeme Kinder das Elternhaus sehr spät oder bald gar nicht mehr verlassen. Warum sollten sie auch. Wo um Himmels willen würden sie je wieder solch einen grossartigen Service finden wie bei Mama? Und wo so eine tolle Papa-Bank, die immer wieder Kredite gratis abgibt und ohne eigene Leistungen und Kapital Dividenden auszahlt? Daher bleiben heute viel zu viele Kinder in ihrem Elternnest hängen. Einerseits aus Verwöhnung und Bequemlichkeit, anderseits aber auch, wie mir letzthin ein 27-jähriger verwöhnter Student erklärte, mit folgender Idee: «Ach, wissen Sie, meine Mutter braucht mich doch noch. Was würde sie ohne mich tun?»

Also, liebe Eltern, bauen Sie Ihr Fünfsternehotel schleunigst um in eine mittelmässige Jugendherberge!

«Psychologisieren statt handeln!» – Falsch verstandene Heftlipsychologie

Bei der Erziehung eines Kindes ist es sinnvoll, einige psychologische und pädagogische Grundsätze zu wissen. Dies kann erklären, beruhigen und helfen zu versachlichen. All die kleinen und grossen Veränderungen beim Heranwachsen der Kinder erlauben und erfordern gute Fragen. Wissen über Entwicklungsstörungen oder über besondere Vorkommnisse macht durchaus Sinn.

Nun wird aber gegenwärtig über das Verhalten von Kindern und Jugendlichen rundherum fürchterlich viel geschrieben, entdeckt, interpretiert und ‹ver-psychologisiert›, was suchende Eltern sehr verunsichern kann.

Felix, gross, kräftig, ein schöner junger Mann, 17 Jahre alt, wurde mir von den besorgten Eltern bei der ersten Sitzung sorgfältig beschrieben und zudem gleich noch mit zwei Gutachten – von einem Arzt und vom Psychologischen Dienst – vorgestellt. Der Vater, ein kluger Kaufmann, und die Mutter, eine sehr engagierte Frau, hatten viele psychologische Ratgeber gelesen und erklärten das defizitäre Verhalten von Felix mit enormen tiefenpsychologischen Abhandlungen.

Als ich dann Felix das erste Mal kennen lernte, begegnete mir ein an sich sympathischer junger Mann, aber schrecklich verwöhnt, verweichlicht und zu schonungsvoll mit sich selbst. Für all seine Verfehlungen hatte er selbst psychologische Erklärungen, ebenso für seine lausigen Schulleistungen, für all seine drei Lehrabbrüche in 1½ Jahren etc. Für nichts schien er selber zuständig zu sein. Ein richtiger Teflon-Jugendlicher. Ich fragte ihn, ob er in den letzten siebzehn Jahren überhaupt selbst anwesend gewesen sei, da lachte er herzlich. «Gut gesagt, alter Grufti!», war sein kecker Kommentar.

Als ich dann die Eltern mit der Diagnose ‹Verwöhnung› konfrontierte, gab der Vater zu verstehen, dass er dies selbst schon befürchtet habe, trotzdem aber immer wieder an die alles erklärenden Theorien seiner Frau glaubte. Die belesene Frau hingegen war sehr beleidigt ob meinem simplen Ansatz, zweifelte an meiner Kompetenz, drückte dies auch deutlich aus und verabschiedete sich eilig. Der Auftrag wurde mir sogleich wieder entzogen. Stattdessen bekam ich einen zwei Seiten langen Brief der verletzten Mutter. Sie gab mir darin noch die ‹dringend notwendigen Nachhilfestunden in Sonderpädagogik› und belehrte mich mit eigenartigen psychologischen Theorien.

Es ist zum Heulen, was durch diese pseudowissenschaftliche, alles erklärende und verklärende Heftlipsychologie verpasst und verschlampt wird. Kostbare Entwicklungszeit geht verloren, die dringend für Korrekturen gebraucht würde. Fehlentwicklungen blühen weiter, die kaum mehr ganz zu heilen sind.

Nehmen wir das Thema Gewalt. Es ist beunruhigend, wie viele Kinder das Mass nicht mehr finden, wie grob und fordernd ihr Umgang ist. Meistens werden eine Menge Schuld zuweisende Erklärungen abgegeben. Aber es wird nicht gehandelt. Längst haben zu viele Jugendliche Hemmschwellen überschritten, ohne Konsequenzen zu erfahren. Höchstens ein paar mahnende Sonntagsschulreden werden abgegeben. Kein Wunder, dass sie immer mehr ihre Hemmungen verlieren, zu noch gröberen Mitteln greifen und ungehemmter zuschlagen.

Gegenwärtig spielen sich eigenartige Dinge ab: Pädagogen in Schulen und Heimen dürfen absolut nicht mehr handgreiflich werden. Ohnmächtig stecken sie aber ungeheure Provokationen ein. Sie müssen sich irgendwie durchschlagen mit lauen und seichten Spielregeln, faulen Kompromissen bis hin zur Resignation, währenddem Schüler ab und zu irgendwo einen Lehrer versohlen, psychisch fertig machen ohne grosse Konsequenzen. **Kein Wunder, dass viele gute Pädagogen vom jetzigen Spiessrutenlaufen die Nase voll haben.** Dazu kommt, dass die Schulen immer partnerschaftlicher werden sollten. Doch viele Kinder haben für diese anspruchsvolle Form noch gar nicht die nötige Reife. Sie haben von zu Hause das Einhalten von einfachsten sozialen Regeln noch gar nicht gelernt. Mit vielen Kindern müssten vorerst wieder ganz praktische Grundregeln des Miteinanders eingeübt werden: Rücksichtnahme, Respekt, Wertschätzung, Anstand, Geduld, Geben und Nehmen und so weiter.

Partnerschaftliches Miteinander ist eine edle und anspruchsvolle Kultur, die voraussetzt, dass die nötigen Spielregeln dazu eingeübt wurden und greifen.

«Du bist doch unser Ein und Alles!» – Elternschaft als Lebenssinn

Wunderbar, von seinen Eltern so richtig geliebt und verstanden zu werden. Ein wahres Glück! Daraus können Urvertrauen und Selbstvertrauen wachsen. Absolut lebenswichtig, Kinder müssen geliebt werden. Und doch kann man Kinder auch erdrücken, einengen und entmündigen mit zu viel elterlicher Liebe und Fürsorge. Wenn Kinder allzu sehr zum Ein und Alles werden, schleichen sich oft auch übermässige Bequemlichkeit und Verwöhnung ein.

Die Angst vieler Eltern, ein Kind zu verlieren, ist manchmal so überwältigend, dass ihre ganze Intensität förmlich über die Kinder gestülpt wird. Sie werden wie unter einer grossen Käseglocke gehalten. Tag und Nacht und über Jahre sind sie dermassen im Netz der elterlichen Fürsorge, dass an sich gesunde Kinder ihre Selbständigkeit zu wenig entwickeln können. Oft ergeben sich dann eher hilflose und verwöhnte Kinder.

Oder: Eltern stellen ihre eigenen Bedürfnisse ganz hinter die Kinder, sodass sie die eigenen Freuden und Interessen verlieren und sich bald nur noch über die Kinder definieren können. Das geht oft so weit, dass die Kinder zum interessanten Fall gemacht werden. Die Kinder müssen Themen, Sorgen und Probleme liefern. Sie werden zum absoluten Lebensinhalt und zum Lebenssinn gemacht.

Dieses überaktive Elternsein hat noch eine zusätzliche Schattenseite: je aktiver die Eltern, desto passiver die Kinder! Wenn Eltern schon an alles denken, warum sollen dann kluge Kinder auch noch mitdenken? Bevor diese Kinder etwas angehen, haben es die aktiven Eltern längst selbst erledigt. Das wiederum strickt ebenfalls falsche Muster. Bequemlichkeit und Passivität schleichen sich ein.

Sicher hatte bei Anna und Leo Häberli wesentlich mitgespielt, dass ihr erstes Kind nach zwölf Tagen starb. Anna fiel in eine schwere Depression und brauchte fast zwei Jahre, bis sie wieder lebensbejahend einer neuen Schwangerschaft zustimmen konnte. Leo, ein genügsamer junger Mann, freute sich mit Anna zusammen riesig, als dann ein kleiner, herziger Prinz heranwuchs.

Ruedi war ein Sonnenschein, er war das Leben an sich in der Kleinfamilie Häberli, absolut der Mittelpunkt der engen Welt. Leider war Klein Ruedi ein wenig begabter Schüler und brauchte bald Stützunterricht. Die Eltern wollten nur das Beste und förderten ihren Ruedi, wo und wie sie nur konnten. Aber sie hegten und pflegten ihren

Sohn dermassen, dass er bald ein bequemes und aggressives Büblein wurde. Unglücklicherweise waren beide Eltern eher introvertierte Menschen, leicht sich selbst genügend und wichen Begegnungen eher aus. Es gab wenig Kontakt nach aussen, auch war das Haus wenig offen für andere Kinder.

So schlug auch niemand Alarm, als der grössere Ruedi begann, immer aggressiver zu werden und wegen Kleinigkeiten auszurasten oder gar seine Mutter zu schlagen. Erst als er dann jede Lehre abbrach und arbeitslos war, wurde man von aussen auf die Familie aufmerksam. Aber niemand bekam einen richtigen Auftrag, Ruedi zu behandeln.

Ruedi wohnt weiterhin zu Hause, lebt vom Geld des arbeitenden Vaters und tyrannisiert weiterhin seine Mutter ...!

Tragisch, solche Geschichten. Viele wissen davon, aber niemand tut etwas dagegen. «Es muss halt erst etwas passieren, bis man etwas dagegen tun kann!», tönt es resigniert. Wenn die Kinder so sehr zum Ein und Alles werden, haben sich oft die Eltern selbst nichts oder nur noch wenig zu sagen. Das zeigt sich deutlich, wenn die Kinder ausfliegen. Dann wird es beängstigend kühl und leer in vielen Elternhäusern. Leider wird, um genau das zu verhindern, viel zu lange das Eltern-Hotel offen gehalten.

«Gell, du bist mein Prinzchen!» – Um die Liebe der Kinder buhlende Eltern

Natürlich kann man als Eltern leicht in eine Rivalität gleiten. Vor allem dann, wenn es um die Kompensation eigener, tief liegender Defizite geht. So paradox es tönt, aber in vielen Familien buhlen Eltern um die Liebe ihrer Kinder. In unserem Lande gibt es immer mehr Familien mit nur einem Kind. Also sind da ein kleiner Prinz oder eine kleine Prinzessin und zwei Erwachsene. Diese beiden haben ein grosses Bedürfnis, vonseiten des Kindes Liebe und Zuwendung zu erhalten. Für viele Einzelkinder kann es bereits ein Stress sein, Mutter und Vater immer gleichmässig zu beglücken. Zudem entstehen in Dreieckfamilien auch leicht Allianzen: zwei gegen einen. **Und der Ausgeschlossene wird unheimlich viel leisten, geben und ‹zahlen› müssen, um wieder dabei sein zu dürfen.** Dieses ungleiche Spiel wird auch von den Kinderherzen mitgespielt und ausgenützt. Kinder lernen rasch, dass an diese ungleichen Bedürfnisse auch kleine Wünsche und Forderungen geknüpft werden können und es sich so durchaus profitieren lässt.

In der Familie von Noldi und Beatrice wächst Klein Oliver ohne Geschwister auf: ein hellwacher Bub mit viel Charme.

Der Vater, Mittelschullehrer, ganz vernarrt in seinen Sohn, verstand es schon früh, seinen Sohn zu begeistern, und fesselte ihn mit seinem Wissen und seiner Liebe. Beatrice, ebenfalls eine tolle Mutter, wollte eigentlich mehr Kinder, konnte aber aus körperlichen Gründen nicht mehr gebären, und so musste auch sie sich mit der Liebe von Oliverli begnügen. Sie wollte eine gute Mutter sein, gab ihre Arbeit im Spital auf und war vor allem für ihren Sohn da. Aber auch ihr Mann war als Lehrer oft zu Hause, und so kam Oliver zu übermässig viel Zuwendung, Aufmerksamkeit und Liebe.

Obschon Beatrice mehrheitlich verantwortlich war, kam es ihr vor, als hinge ihr Sohn immer nur an den Lippen des Vaters, denn sobald er heimkam, war sie Luft für Klein Oliver. Dies verletzte Beatrice so sehr, dass sie mit allen Mitteln immer wieder die Zuwendung von Oliverli erschlich durch Geschenke und viele pflegerische Dienstleistungen. So behandelte sie ihren heranwachsenden Sohn lange wie ein Kleinkind und pflegte und hegte ihn, obschon er schon längst sehr vieles selbst hätte tun können und sollen. Bald wurde Oliverli zu einem kleinen Tyrannen, der sehr wohl wusste, wie er seine verunsicherte Mama auf Trab halten konnte. Er brüllte immer öfter seine Wünsche und Befehle durch das stattliche Haus, wo er selbst drei Zimmer zur Verfügung hatte.

Aber nicht nur bei Einzelkindern geschieht dieses Buhlen um die Liebe des Kindes. Auch in Kleinfamilien mit zwei Kindern kommen diese rivalisierenden Zuwendungsspiele häufig vor: «Ich verwöhne dich, dafür bist du mein!» Dieses besitzergreifende Verhalten vieler Eltern muss kritisch hinterfragt werden.

Wenn übrigens die Kinder noch besonders hübsch sind – und die eigenen Kinder sind meistens die hübschesten –, ja, dann können Eltern total vernarrt in die Kinder und somit hoffnungslos überfordert sein, sie ein ausgeglichenes Geben und Nehmen zu lehren und ihnen Grenzen zu setzen.

«Sie haben es doch so schwer!» – Kranke und behinderte Kinder

Mit grossem Respekt schreibe ich über dieses Thema, denn ich weiss aus eigener Erfahrung, wie leicht man bei kranken oder behinderten Kindern in die Verwöhnungsfalle geraten kann. Sie tun einem Leid, wenn ihnen schon in jungen Jahren ein kühler Wind ins Gesicht bläst. Wenn sie schon mit ihrer Behinderung zu kämpfen haben, dann liegt doch ein bisschen mehr Nachsicht und Nachgeben wohl drin. Oft ein tragischer Verlauf, wenn Eltern mit kranken oder behinderten Kindern zusätzlich noch in eine Verwöhnung geraten. Einerseits müssen sie selbst mit dem Akzeptieren der bedrohlichen Krankheit oder Behinderung fertig werden und anderseits sind sie dann noch gefährdet, zusätzliche Erziehungsfehler zu machen.

Es ist wirklich eine grosse Kunst, bei leidenden und benachteiligten Kindern nicht allzu nachgiebig zu werden.

Alex hat von Geburt an ein reduziertes Gehör. Leider wurde diese Behinderung erst im dritten Lebensjahr richtig erkannt und nur medizinisch angegangen. Als er dann fünf Jahre alt war, holten sich die Eltern endlich auch Erziehungshilfe. Bereits hatten sich aber bis dahin schon viele dumme Mödeli eingeschlichen. Alex war ein extrem lebhafter, lauter und zu Jähzorn neigender Bub. Seitdem die Eltern wussten, dass er eine Gehörbehinderung hatte, waren sie nachgiebiger mit ihm, doch bald begannen sie sich vor seinen Ausbrüchen zu fürchten. Vor allem zu seinem jüngeren Schwesterchen konnte Alex sehr böse und gemein sein. Die Eltern trösteten dann jeweils ihre kleine Tochter und versuchten ihr zu erklären, warum der grosse Bruder so schwierig sei. Anstatt Alex trotz Behinderung schnellstens die Spielregeln des fairen

Zusammenlebens beizubringen, dehnten sie das ewige Verstehen und Rücksichtnehmen noch aus, sodass ihr zweites Kind echt darunter zu leiden begann.

Verständlich, dass Eltern zuerst einmal nachgiebiger reagieren, wenn Behinderungen ersichtlich werden. Trotzdem wäre es sinnvoller, gerade diesen Kindern ganz schnell gutes soziales Verhalten beizubringen, damit sie von anderen Mitmenschen nicht ausgeschlossen werden. Denn spätestens im Kindergarten oder in der Schule werden diese verwöhnten Kinder gemieden, wenn sie das Miteinander nicht gelernt haben. **Tragischerweise führt dann die Ablehnung durch die gesunden Kinder meistens zu noch mehr Verwöhnung im elterlichen Hause.**

Gerade Krankheiten und Behinderungen fördern oft andere besondere Begabungen. Diese Kinder kompensieren dann ihr Handikap, indem sie besonders tüchtig werden und mit viel Fleiss und Anstrengung die anderen Sinne entwickeln. Viele Menschen sind gerade an Krankheiten oder gar an Behinderungen gewachsen und haben hervorragende und bewundernswerte Leistungen erbracht.

Beeindruckend zum Beispiel die Leistungen von blinden Kindern. Was diese zusätzlich leisten müssen, um sich schulen und bilden zu können, ist enorm. Wer das Glück hat, selbst solche Menschen näher kennen zu lernen, ist immer wieder erstaunt und beeindruckt von ihrem Willen und ihren Begabungen.

Noch eine weitere Tragik möchte ich hier kurz umschreiben: Wenn Familien nicht nur von Behinderung, sondern gar von Tod betroffen sind, kann Folgendes geschehen: Wenn Eltern ein Kind durch Unfall oder Krankheit verlieren, dann liegt es nahe, dass sie aus ihrer Betroffenheit und Besorgnis heraus das ihnen noch bleibende Kind so sehr beschützen und hegen wollen, dass sie leicht in ein verwöhnendes Verhalten geraten.

Wobei noch zu bemerken ist, dass in Familien mit einem behinderten oder gar mit einem toten Kind die gesunden und überlebenden Geschwister leider sehr oft auch ‹vergessen› gehen. Die Aufmerksamkeit der Eltern gehört zu sehr dem behinderten oder dem fehlenden Kind. Es wird verklärt, das andere hat keine Chance, diesen Stellenwert je zu erreichen.

«Wir wollten es besonders gut machen!» – Adoptiv- und Pflegeeltern

Auch ‹Ersatzeltern› sind gefährdet, in die Verwöhnungsfalle zu geraten. Dies aus verschiedenen Gründen: Oft hofften sie jahrelang vergebens auf ein Kind und unternahmen alles nur Mögliche, um sich oder dem Partner den Kinderwunsch zu erfüllen. Wer weiss, wie angehende Adoptiveltern teilweise jahrelang auf Kinder bangen und warten sowie unmögliche Tests und Eignungsgespräche über sich ergehen lassen, der kann erahnen, dass man es besonders gut machen will, wenn es dann endlich so weit ist und ein Kind im Hause ist. Nicht selten wird ihnen von den Aufsichtsbehörden anfänglich so sehr auf die Finger geschaut, dass sie erst recht unter Druck stehen.

Zudem spüren Adoptiv- und Pflegeeltern all die schlummernden frühen Entbehrungen, Verletzungen und Defizite dieser angenommenen Kinder. Dann wollen sie in guter Absicht möglichst viele Lücken schliessen, Defizite aufarbeiten, verpasste Liebe und Zuwendungen nachschenken. Leider führen diese Überhäufungen aber leicht zu einem verwöhnenden Verhalten.

Diese in den ersten Lebensjahren zu kurz gekommenen Kinder versuchen oft durch Konsumieren ihre inneren Löcher zu stopfen. Viele von ihnen sind daher besonders suchtgefährdet. Pflege- und Adoptivkinder haben aber auch oft eine besondere Begabung, auf ihre Mankos hinzuweisen, oder sie klagen an: «Ich bin halt nur euer Pflegekind. Wenn ich euer richtiges Kind wäre, bekäme ich dieses und jenes ...!» – «Andere Kinder haben das schon lange, ich bin halt nur euer Adoptivkind!»

Kein Wunder, passiert es immer wieder sehr engagierten Adoptiv- und Pflegeeltern, dass sie bald äusserst schwierige Kinder betreuen müssen: einerseits voller innerer Defizite, anderseits überbehütet und verwöhnt.

Als ich noch als Erziehungsberater auf einem Jugendamt arbeitete, welches auch für das Adoptiv- und Pflegekinderwesen zuständig war, kamen Frau und Herr Meili zu einer Erziehungsberatung in die erste Sitzung. Sie hätten einen 14-jährigen Sohn, Mario, der in der Schule sehr faul, in den Forderungen aber sehr hart sei. Nun habe er noch begonnen zu kiffen, ein Kleinmotorrad geklaut und greife immer wieder in die Haushaltkasse. Frau Meili, eine ältere, lebenstüchtige Frau, war ziemlich erschöpft und verzweifelt. Sie war ständig dem Weinen nahe. Herr Meili, ein gesund wirkender, intelligenter Mann, blieb ruhig, sachlich und versuchte, das Fehlverhalten seines Sohnes zu erklären.

Mir war lange unklar, warum diese vernünftigen und sympathisch wirkenden Eltern einen so schwierigen Sohn hatten. Ich suchte nach Unterforderungen, nach Überforderungen, nach schlechten Beeinflussungen etc. Vergebens. Ich war selbst ziemlich ratlos.

Am Ende der Sitzung sagte Herr Meili plötzlich: «Vielleicht müssten wir Ihnen doch noch sagen, dass Mario eigentlich unser Adoptivsohn ist. Wir haben ihn in seinem vierten Lebensjahr bei uns aufgenommen.»

Auf meine Frage, warum sie mir das erst jetzt sagen würden, meinte Frau Meili schluchzend: «Wissen Sie, wir haben Angst, weil dieses Amt uns ja geprüft hat und wir nun befürchten müssen, dass es Folgen haben könnte. Dabei wollten wir es doch so gut machen!»

Ach, es wird viel gelitten in all diesen Ersatzfamilien! Immer wieder geraten sie unter Druck. Viele dieser Erziehenden müssen für Fehler herhalten, die andere den Kindern angetan haben. Versäumnisse und Defizite in den ersten Lebensjahren lassen sich teilweise kaum mehr aufholen und heilen. Wen wunderts, dass trotzdem viele Adoptiveltern mit enormem Engagement alles versuchen und dann leider ihre angenommenen Töchter und Söhne verwöhnen?

«Ein wenig wollte ich es ihr heimzahlen!» – Zerbrechende Familien

Wenn Familien auseinander brechen, bekommen meistens alle Beteiligten viele schmerzhafte Verletzungen ab. Derjenige Partner, der die Familie verlässt, hat entweder grosse Schuldgefühle, weil er geht und auch seine Kinder im Stich lässt, oder wenn er ‹geschickt› wird, hat er eine grosse Wut im Bauch und wird sich bewusst oder unbewusst dafür rächen wollen. Der Partner, der verlassen wird, hat ebenfalls viele ungute Gefühle, und wenn er den anderen Partner weggeschickt hat, werden ihn negative Emotionen plagen. Das sind tragische Geschichten. Da werden verletzte Menschen gleich nochmals verletzt.

Und die Kinder selbst erleben das Auseinanderbrechen ihrer Familien ebenfalls als ein riesiges Trauerspiel, das mit vielen Ängsten verbunden ist. Der Verlust eines Elternteils ist sehr schmerzhaft, und darum versuchen betroffene Kinder, so gut es geht, diesen Verlust zu kompensieren. Zudem vermissen Töchter und Söhne oft die weggegangenen Väter – meistens sind es die Väter – so sehr, dass sie sich für den Verlust ihres Vaters an den Müttern rächen.

Der Vater von Marcel war nach der Trennung zutiefst verletzt: Da hatte er doch dieser Frau so viel geboten, hatte jahrelang für ein eigenes Haus geschuftet, und nun wurde er wegen einem blöden Seitensprung in die Wüste geschickt. Vor allem liebte er seinen Sohn, Marcel, und vermisste ihn besonders. Die Frau hatte einen tüchtigen Anwalt, und das Gericht bestimmte, dass er seinen Sohn nur zweimal im Monat sowie zwei lausige Wochen Ferien pro Jahr zu sich nehmen durfte.

Jedes Mal, wenn der Vater nun Marcel abholte, machte er ein richtiges Fest mit dem Sohn und bot ihm die verrücktesten Dinge. Natürlich genoss Marcel diese verwöhnenden Tage bei Papa und lehnte sich immer mehr gegen seine Mutter auf. Zudem war ihm immer noch nicht ganz klar, warum eigentlich Papa hatte gehen müssen. Die Mutter

versuchte mühsam Schritt zu halten, ging noch nachts arbeiten, damit sie Marcel möglichst auch materiell gerecht werden konnte. Der Junge kompensierte sein zerbrochenes Elternhaus mit extrem viel Konsum und Unterhaltung. Bald vernachlässigte er auch die Schule immer mehr und wurde dann als schwieriger Jugendlicher in die Beratung geschickt. Doch nicht Marcel war das eigentliche Problem, sondern der unverarbeitete Grabenkrieg der Eltern.

Kinder sind in Scheidungen immer die Verlierer. Nicht nur wegen des Verlustes eines Elternteils, sondern auch wegen der Folgen der Kompensationen. Allzu oft müssen Scheidungskinder auch die fehlenden Partner ersetzen. Sie werden wie Erwachsene behandelt und müssen schon Klagemauer und Trostspender sein, obschon sie meistens ebenfalls konfuse Trauer über den Verlust in sich tragen. Dieses zu frühe Erwachsenwerden mag in gewissen Dingen toll und aufregend sein, aber ein Teil ihrer Kindheit wird ihnen zu früh weggenommen.

Leider schleicht sich in zerbrechende Familien als Folge sehr häufig die Verwöhnung ein. Verständlich, dass Mütter und Väter, die zu ‹Besuchsrechtmüttern› und ‹Besuchsrechtvätern› degradiert werden, diese kurze Zeit, die ihnen dann jeweils gnädigst mit den Kindern zugeteilt wird, lustvoll und verwöhnend gestalten. Sie haben viel nachzuholen und bangen um die Liebe ihrer Kinder. Nachvollziehbar, wenn sie da leicht in eine gewisse Masslosigkeit in Sachen Zuwendung und Geschenke etc. rutschen. Aber auch die Mütter und Väter, die das Sorgerecht und die Verantwortung bekommen, wollen es besonders gut machen. Oft spüren sie, dass die Kinder halt doch die abwesenden Partner vermissen, und dann versuchen sie, mit grossem Engagement und enormer Zuwendung all diese Lücken zu stopfen.

Oder die Eltern können sich freundschaftlich wieder auffangen und versuchen, ihren Kindern trotz allem eine möglichst übereinstimmende Erziehung zu bieten, indem sie einander die notwendige Wertschätzung und Rückendeckung geben. Möglichst am gleichen Strick ziehen und einander nicht ausspielen – eine grossartige Leistung, die der Verwöhnung entgegenwirkt und schliesslich den Kindern zugute kommt!

«Hast du genügend Taschengeld, Schätzchen?» – Reiche Eltern und gekaufte Kinder

Wenn man nach den Ursachen von Verwöhnung fragt, kommt man nicht darum herum, auch auf die ‹gekauften Kinder› aufmerksam zu machen. Ulrike Zöllner hat in ihrem Buch ‹Die Kinder vom Zürichberg› diese betroffene Jugend als ‹Wohlstandsverwahrloste› beschrieben. Deren Eltern haben meistens Geld im Überfluss und sind sehr beschäftigt mit allem Möglichen. Sie neigen dazu, ihre Kinder immer wieder mit materiellen Dingen oder mit fremder Unterhaltung ruhig zu stellen. Meistens hat das zur Folge, dass diese mit Geld abgespeisten statt mit elterlicher Zeit und Liebe genährten Kinder sehr auffällige und aggressive Verhaltensweisen haben können. Eigentlich eine gesunde Reaktion! Max Frisch hat einmal gesagt: «Heimat ist dort, wo mich jemand erwartet.» **Ist es nicht so, dass diese ‹zornigen Kinder› um eine richtige Heimat kämpfen?**

Wie weit diese Eltern selber bereits ‹Kinder der Verwöhnung› sind, lässt sich nicht immer feststellen, aber sicher hat es unter ihnen viele, die ebenfalls in ihrer Kindheit vernachlässigt und ‹geschädigt› wurden.

Der Vater von Markus, ein tüchtiger, neureicher Unternehmer, ersuchte mich um Hilfe wegen seines achtjährigen Sohnes. Er sei bereit, alles für seinen Sohn zu tun, dieser sei immer sehr gereizt und aggressiv, ob ich eine wirksame Therapie für seinen Buben wisse oder eine geeignete Institution empfehlen könne. Seine Frau sei hoffnungslos überfordert mit dem Buben, nun müsse etwas geschehen. Bezeichnenderweise erschien er nicht mit seiner Frau, der Mutter von Markus, bei mir, sondern mit seiner Sekretärin.

Ich versuchte, ihn in einem langen Gespräch davon zu überzeugen, dass keine noch so gute Therapie und Institution das Richtige wäre für Markus, sondern dass sein Sohn vielmehr ihn selbst als Vater nötig hätte. Am meisten würde er seinen Sohn beruhigen, wenn er sich regelmässig mehr Zeit für ihn nehmen könnte. Mit Tränen in den Augen versprach er, alles zu tun.

Aber es blieb nur bei der Absicht. Ab und zu machte er zwar ‹Blitz-Vater-Zeiten›, liess den Sohn vom Chauffeur zu Hause abholen, konsumierte zügig mit ihm drauflos, und meistens hielt der kleine Markus anschliessend noch ein paar Neuanschaffungen in den Armen …

Ich setzte dann meine Hoffnungen in die Mutter, doch diese hatte auch sehr wenig Zeit, weil sie selbst noch einen exklusiven Kleiderladen führte und, wie sie offen zugab, auch ein wenig vor den Aggressionen von Markus ‹flüchtete›. Zudem war sie verärgert über ihren Mann, der zwar sehr viel arbeite, aber auch viel Kontakt zu anderen Frauen habe. Das sei ihr zwar nun schon lange Zeit egal, aber er solle sich gefälligst mehr um seinen Sohn kümmern.

Bei diesem Rettungsversuch hatte ich oft den Eindruck, als hätte ich einen zwar recht aggressiven, aber normalen Buben vor mir, dafür zwei sich aus der Verantwortung schleichende, vom Leben verwöhnte Kinder.

Und weil wir immer noch ein wohlhabendes Land sind, mit vielen reichen und neureichen Bewohnern, haben wir leider zu viele wohlstandsverwöhnte Kinder. Die Beratung dieser Eltern ist aber häufig ziemlich schwierig, weil sie sich mit Leichtigkeit über das Dreinreden hinwegsetzen und auch kaum Bücher über dieses Thema lesen mögen. Lieber ‹kaufen› sie einen Berater, der sie weniger kritisiert, dafür bei ihren Kindern mit einer komplizierten Diagnose zu einer Behandlung ansetzt …!

«Sie lernen es schon noch!» – Falsche Beruhigungsstrategien

Es ist erstaunlich und beruhigend, wie viele Fehler man sich in der Erziehung erlauben kann, und trotzdem wachsen tolle Kinder zu lebenstüchtigen und wertvollen Menschen heran. Für mich ist es immer wieder faszinierend mitzuerleben, wie auch aus schwierigen Sorgenkindern später wunderbare Erwachsene werden können. Ja, Überraschungen in der Pädagogik gibt es auf der negativen wie auf der positiven Seite.

Warum um Gottes willen sollen aber bei Verwöhnung all diese kleinen und grösseren Sünden so verheerende Folgen haben? Eine Ursache könnte sein, dass diese falschen Spuren der Verwöhnung heute so nahe bei der Normalität angesiedelt sind. Und was so *normal* geworden ist, kann doch gar nicht falsche Erziehung sein. Es geschieht alles am helllichten Tage. All die kleinen und grösseren Inkonsequenzen: «Natürlich ist es wahr, dass unser Sohn ein wenig bequem und fordernd ist, aber er ist nun auch in einem schwierigen Alter! Er wird es schon noch lernen! Sobald er in die Sekundarschule kommt. Sobald er in die Arbeitswelt kommt. Sobald er zum Militär kommt. Sobald er eine gute Frau gefunden hat!» Teilweise trifft das auch zu. Aber nur dann, wenn die Defizite und die Fehlentwicklungen nicht schon zu happig fortgeschritten sind.

Viele engagierte Eltern beruhigen sich mittels unglückseliger Vergleiche mit ähnlichen kranken Erscheinungsbildern: «Auch die Kinder des Pfarrers und des Lehrers sind doch ähnlich wie unser Sohn. Andere Kinder kiffen und konsumieren doch auch! Es ist doch heute einfach so!»

Was aber, wenn sie alle zusammen falsche Muster stricken? Wenn sie miteinander in die falsche Richtung trampeln? **Vielleicht überschreiten wir alle zusammen bereits gesunde Normen und Grenzen, obschon unsere Töchter und Söhne längst Korrekturen nötig hätten?**

Was ist schon dabei, wenn ... Ein bisschen Verwöhnung hat doch noch nie jemandem geschadet.

In unseren Tagen sind zu viele Normen aus den Fugen geraten. Was ist schon noch auffällig, abnorm? Fast jedes Tabu ist gebrochen, fast jede Variante gespielt. Alles ist möglich. Wir amüsieren uns und konsumieren alle miteinander bis an die Grenzen des Wahnsinns! Keine leichte Sache, sich in diesen Tagen auf die menschlichen, guten, alten Werte zu besinnen. Das wirkt ziemlich überaltert, gruftihaft, bieder, stier und passé!

> Die Mutter von Julia war eine differenziert denkende und feinfühlige Frau. Sie selbst hatte einige schwere psychische Krisen hinter sich. Die Trennung von ihrem Mann habe sie aber gut überlebt, meinte sie lachend. Nun arbeitete sie als Sekretärin vier Tage in der Woche, und die beiden Kinder, Marco (13) und Julia, wohnten noch bei ihr. Das heisst, die 15-jährige Tochter Julia sei bereits viel unterwegs. Ich war erstaunt, als ich beim ersten Gespräch mit der Mutter erfuhr, dass das Fernbleiben der Tochter vom Elternhaus und von der Schule die intelligente und fürsorgliche Mutter gar nicht so sehr bedrückte. Julia sei schon immer sehr wach, frühreif und selbständig gewesen. Sie lasse sich nicht mehr gerne dreinschwatzen. Sie selbst komme aus einem eher überbehüteten Milieu, und das sei auch nicht gut gewesen. Sie komme eigentlich nur zu mir, weil die Schule Druck auf sie mache. Julia schwänze häufig den Unterricht. Sonst sei eigentlich alles in Ordnung.
>
> Drei Tage später lernte ich Julia kennen: Sie kam als Punkmädchen ziemlich provozierend daher, mit einer Ratte im Genick, zerrissenen Hosen, einige Ketten um sich gewickelt, misstrauisch und sehr aggressiv. Immer wieder zischte sie mich an, das alles gehe mich doch einen feuchten Fick an, und auch die Mutter bekam schlimme Beschimpfungen und Vorwürfe zu hören. Zudem sei die Schule nicht nur doof, sondern der Klassenlehrer sei auch ein unfähiges, gemeines Schwein. Ich schickte dann Julia bald raus und fragte, ob das immer so zu und her gehe. Da meinte die Mutter: «Ja, das geht schon länger so, sie ist halt nun in einer etwas schwierigen Phase. Der Klassenlehrer ist wirklich ein wenig zu streng mit ihr. Julia kann auch lieb und freundlich sein. Sie haben sie vielleicht auch zu direkt befragt? Eigentlich wollte Julia vor unserer Sitzung Geld von mir. Ich habe dummerweise zu wenig bei mir gehabt. Das hat sie natürlich auch noch böse gemacht. Ausserdem hat sie wohl wieder ein wenig gekifft, dann ist sie immer etwas enthemmter. Verstehen Sie, Herr Angst?»
>
> Julia hatte bereits 32 unentschuldigte Absenzen in jenen Tagen!

Nein, ich wollte nicht länger verstehen, verdammt noch mal! Julia hatte sogar schon ab und zu ihre eigene Mutter geschlagen, was aber die gutmütige Frau ebenfalls entschuldigte: Sie habe sich wahrscheinlich jeweils auch nicht so geschickt benommen ... Es musste dann noch ziemlich viel geschehen, bis wir endlich mit Julia arbeiten konnten. Leider war es reichlich spät! Zu lange wurde weggeschaut und beruhigt!

Die gegenwärtigen Beruhigungsstrategien mancher Eltern sind bedrohlich, für sie selbst und ihre Kinder. **In zu vielen Elternhäusern brennt die Verwöhnung bereits lichterloh, und es wird immer noch tapfer verdrängt. Als sei noch nicht genug gelitten worden!**

«Wäre die Kindergärtnerin nicht so intolerant gewesen, dann ...! Wäre der Lehrer nur ein bisschen nachsichtiger gewesen, dann ...! Wäre der Lehrmeister etwas geduldiger gewesen, dann ...! Wäre die Gesellschaft etwas toleranter, dann ...! Wäre die Welt an sich anders ...»

Oft gucken Eltern aber auch zu lange weg, weil sie einfach ihre Ruhe haben wollen. Die dringend notwendigen Auseinandersetzungen und Reibereien mit ihren Töchtern und Söhnen sind ihnen zu anstrengend oder zu bedrohlich. Da ist es leichter, den Aussenstehenden Vorwürfe zu machen. Erst wenn der Leidensdruck der Betroffenen genügend gross ist, können jeweils Behandlungen begonnen und Veränderungen eingeleitet werden. Nur ist es dann meistens schon zu spät, um die verwöhnten Kinderlein wieder zu entwöhnen.

«Warum hat uns das niemand gesagt?» – Blinde Flecken

Eigenartig: Obschon Verwöhnung sich nur sehr langsam bildet und diese Fehlentwicklung über Jahre gepflegt werden muss, damit sie Spuren hinterlässt, ist es für betroffene Eltern oft schwierig, die Verwöhnungsproblematik selbst zu erkennen. Auch wenn auf dem Weg zur Verwöhnung einige besorgte und offene Mitmenschen darauf aufmerksam gemacht haben:

- Vielleicht sogar die eigenen Eltern, die aber ... sowieso viel zu streng sind und die heutige Zeit nicht mehr begreifen.
- Vielleicht eine wache Kindergärtnerin oder ein strenger Lehrer, aber all ihre Bedenken werden oft in den Wind geblasen, weil diese ihr Kind sowieso nicht ganz verstehen. Es ist doch lieblos, das sensible Kind mit so strengen Erziehungsmethoden zu plagen etc.
- Vielleicht hat es aus dem Freundeskreis ab und zu eine Warnung gegeben, aber auch diese wurde abgewiesen: «Weisst du, bei uns ist alles anders als bei dir, übrigens habe ich gelesen, dass ...!» – «Hast du nicht auch Probleme mit ...?»

In meiner langjährigen Tätigkeit als Erziehungsberater einer Kinder- und Jugendberatungsstelle gehörten solche, von den Betroffenen abgeschmetterten Warnungen mit zu den schmerzhaftesten Erlebnissen. Und was mich besonders ärgerte: Immer fanden diese Eltern mit ihren verwöhnten Kindern auch wieder Fachpersonen, die sie beruhigten mit verharmlosenden Diagnosen und Erklärungen.

> Als die Mutter das erste Mal mit ihrem achtjährigen Sohn Noldi zu mir kam, war für mich weniger Noldi als vielmehr seine Mutter auffällig. In Anwesenheit ihres Sohnes begann sie unmögliche Dinge über ihren Mann und andere Menschen zu erzählen, sodass ich mit Noldi bald ins Nebenzimmer flüchtete. Ich gab ihm dort ein grosses weisses Blatt und bat ihn, mir seine Familie zu zeichnen. Noldi wollte noch zwei, drei Fragen von mir beantwortet haben, dann begann er mit einem Bild. Die Mutter, selbst sehr nervös und stark übergewichtig, erzählte mir dann von ihrem Arbeitsstress und dass sie sich von ihrem Mann getrennt habe. Noldi würde noch viel in ihrem Bett einschlafen, weil sie den Fernseher in ihrem Schlafzimmer hätten. Überhaupt sei schlimm, wie gern Noldi fernsehen würde. Sie wisse schon, dass das

nicht so gut sei, aber nichts fasziniere nun mal ihren Sohn so wie das Fernsehen.

Sie sei letzthin beim Kinderarzt gewesen, und seit sie nun wisse, dass Noldi ein POS-Kind sei, könne sie besser mit ihm umgehen. Ärgerlich sei aber, dass Noldis Lehrerin zu wenig Verständnis für den Knaben habe und ihm wegen seinem Mangel an Konzentrationsfähigkeit Vorwürfe mache. Sie überlege sich nun, ob sie Noldi in ein Schulinternat geben solle. Ob ich Adressen hätte? Ich solle Noldi noch nichts davon erzählen ...!

Noldi zeichnete mir ein eigenartiges Bild: In der Mitte des Blattes eine riesengrosse Frau mit unheimlich grossen Brüsten, daneben ein schräges Haus, mit nur einem einzigen kleinen Fenster und einem viel zu grossen Buben drin, links vom Häuschen, ein wenig in der Luft, ein kleiner, fast wegfliegender Mann! Und links und rechts oben im Bild noch einige konfuse Fernsehfiguren.

Hiermit möchte ich zu einem Erscheinungsbild Stellung nehmen, das momentan sehr verbreitet und aktuell ist. Ich bin mir bewusst, dass diese Zeilen nicht überall gut ankommen werden, aber es muss trotzdem sein: Gegenwärtig ist eine Zunahme von hyperaktiven, leicht erregbaren, unkonzentrierten Kindern – so richtigen Zappelphilippen – festzustellen. In jeder Schulklasse stecken einige von ihnen. Sie werden rasch mit der Diagnose POS (Psycho-Organisches-Syndrom) versehen oder neuerdings mit ADS (Aufmerksamkeits-Defizit-Störung) etikettiert. Diese Diagnosen entlasten betroffene Eltern ungemein. Nun ist klar: Es ist eine Krankheit! Dafür gibt es Ärzte und Medikamente. Bereits wird diesen Kindern kiloweise ein Medikament mit dem Namen Ritalin gefüttert. In den USA werden jeden Tag etwa fünf Millionen Schülern Methylphenidate abgegeben. Dieses Zaubermittel wirkt angeblich beruhigend auf Kinder und ... deren Eltern! Die Erziehung selbst muss so nicht mehr hinterfragt oder gar geändert werden.

Nach meinen Beobachtungen aber sind viele dieser Kinder überreizt und übersättigt. Auch gibt es bei ihnen oft Anzeichen von

Verwöhnung. Sie bräuchten vor allem wieder weniger Reizüberflutung, Unterhaltung und andere zappelig machende Wechselbäder. Vielmehr benötigten sie eine ruhige Umgebung, verlässliche Bezugspersonen, einfache und klare Grenzen sowie eine berechenbare und konsequente Erziehung. Es gab und gibt immer wieder sehr lebhafte und hyperaktive Kinder. Aber sicher nie so viele, wie heute überall zu schnell diagnostiziert werden! Da ist eine schlimme Sache im Gange. **Zumindest müsste doch nachdenklich stimmen, warum sich diese Verhaltensauffälligkeit bei Kindern gerade in unseren Tagen so epidemisch verbreitet.**

Schlimm ist auch an der ganzen Geschichte, dass man sich die Hilfe am falschen Ort holt; anstatt zu den Pädagogen, geht man lieber zu den Göttern in Weiss! Denn natürlich ist es leichter, den Kindern Medikamente zu füttern, als gar das eigene Verhalten zu hinterfragen und mühsam zu verändern.

Was ist zu tun?

Kinder in unserer Zeit sinnvoll zu erziehen, ist schwierig geworden. Es ist ein Akt auf dem Hochseil: Man kann heute auf beide Seiten mit Leichtigkeit abstürzen. Zu viel oder zu wenig erziehen, zu viel oder zu wenig Fürsorge geben, zu viel oder zu wenig fordern, zu autoritär und stur sein oder zu partnerschaftlich und zu sehr laisser-faire. Wo also liegt die Balance der Vernunft, wo das goldene Mittelmass? Kann man Erziehung überhaupt lernen? Ich glaube schon. Es hilft, ein paar Dinge darüber zu wissen!

Erziehen ist auch schwieriger geworden, weil wir alle die Normen und Erziehungsgrundsätze von früher kaum mehr anerkennen, aber noch keine neuen gefunden haben. Auch haben die grossen Autoritäten wie Kirche, Staat und Schule ihre Erziehungsmacht verloren – teils ist das auch gut so! Zudem gibt es heute ein fürchterliches Ausmass von heimlichen Miterziehenden durch Medien, Werbung und Konsum. Unter all diesen verrückten Umständen müssen Eltern nun ihren eigenen Stil finden. Keine leichte Sache.

Warum gibt es eigentlich kaum noch Elternschulen und Elternbildungsmöglichkeiten? Nun, es gibt sie, aber sie werden leider wenig gebraucht, oder sie treten mit eigenartigem, engem ‹Wissen› auf. Zum Beispiel gibt es immer noch zu viele ‹Schönwetter-Erziehungslehren›, wie damals all die Gordonkurse, die Familienkonferenzen forderten, um möglichst *alles positiv* mit den Kindern zu bereden und zu verhandeln. Oder die neuste anrollende Welle, das Triple-P-Konzept: Dieses ‹Positive-Parenting-Program›, in einer australischen Universität entwickelt, ist sicher nicht schlecht, setzt ebenfalls auf die positiven Kräfte der Kinder und will möglichst ohne Strafen und Sanktionen auskommen. Nur, in der Erziehung gibt es halt auch trübes Wetter und Gewitter. Und vor allem für diese Schlechtwettertage sollten Eltern mehr Hilfe bekommen!

In der Psychologie und in der Pädagogik ist es momentan sehr in, dass man sich weniger auf die ganz konkrete Handlungsebene begibt, sondern vornehmer die Richtung und die dazu gehörigen Theorien beschreibt. Das ist an sich nicht falsch, aber oft zu wenig konkret für die Menschen, die sich tagtäglich mit den fordernden Kids herumschlagen. Darum möchte ich versuchen, in den kommenden Kapiteln möglichst konkret aufzuzeigen, was man denn gegen Verwöhnung *tun* kann.

In Sachen Erziehung heute ein paar Anregungen zu geben, ohne dass es nach sturen Rezepten und Besserwisserei schmeckt, ist kein leichtes Ding. Vor allem in einer Zeit, wo es von Ratgebern nur so wimmelt, die suchende Eltern eher verwirren. Warum sollten nun Sie, liebe Leserinnen und Leser, ausgerechnet mir glauben? Vielleicht bin ich ja längst ein überalterter Hardliner. Einer, der nicht mehr in diese Zeit passt und nun völlig den Anschluss und das Verständnis für die heutige Jugend verloren hat?

Nun, ich überlasse es Ihnen, aus meinen folgenden Denkanstössen vielleicht doch einiges herauszupicken und zu beherzigen. **Es gibt nämlich ein paar erzieherische Grundsätze, die ihre Tauglichkeit schon bewiesen haben.** Und wenn dann Ihre Kinder plötzlich entsetzt brüllen: «Mama, hast du wieder so ein doofes Buch gelesen? Du bist so stur und fürchterlich konsequent geworden!» – ja, dann bin ich sehr zufrieden und werde eine Weile Ruhe geben ...

Gesunde Partnerschaft vor Elternschaft

Es kommt nicht von ungefähr, dass ich mit diesem Thema beginne. Es schmerzt mich als Paar- und Familientherapeut, wenn ich jeweils liebenswerte Paare in meiner Praxis leiden sehe, die mit viel Fleiss und Aufmerksamkeit zwanzig lange Jahre tagtäglich die Rolle von Mama und Papa intensiv ausübten, nun aber vor einem riesigen Scherbenhaufen stehen. Einerseits haben sie die vernachlässigte Liebesbeziehung verloren, andererseits aber haben sie vor lauter Elternschaft ihre Kinder so sehr verwöhnt, dass sie noch gegen Scham und Schuldgefühle kämpfen müssen. Welch ein Jammer: gut gemeint, und doch verloren!

Daher möchte ich alle Eltern bitten, immer wieder zu bedenken: Was hilft es euren Kindern, wenn sie zwar über Jahre eure grenzenlose Zuwendung und Fürsorglichkeit bekommen, darin aber ersticken oder gar lebensuntüchtig werden? Und wenn sie dann sogar noch das Auseinanderbrechen ihrer Familien miterleben müssen? Eigentlich geht es Kindern nur gut, wenn es auch den Eltern gut geht.

Sich liebende Eltern ergeben glückliche Kinder!

Wenn es nun Paaren mit Kindern gelingt, immer wieder liebevoll darauf zu achten, dass ihre Partnerschaft gut gepflegt und fair gelebt wird, dann ist das wie ein gesundes Fundament, worauf die Elternschaft gebaut werden kann. Kinder und Jugendliche beobachten in jedem Alter das Miteinander der Eltern sehr genau, es hat grossen Modellcharakter für das spätere eigene Beziehungsleben. Eltern, welche die Liebespartnerschaft intensiv leben, können ihre Kinder viel natürlicher zur Selbständigkeit führen und rechtzeitig loslassen. Und dieses Loslassen beginnt schon früh. Nicht erst dann, wenn die Kinder den Koffer packen.

Was heisst nun im Elternalltag: Gesunde Partnerschaft kommt vor Elternschaft? Darunter verstehe ich: Liebespartner sollten immer wieder darauf achten, dass auch ihre eigenen Bedürfnisse gelebt werden. Das Elternwohl soll ab und zu vor dem Kindeswohl stehen.

- Schenkt euch gegenseitig immer wieder genügend Aufmerksamkeit und Zeit!
- Bemüht euch, dass ihr täglich auch wirklich Feierabend bekommt und es pünktliche Bettzeiten für die Kinder gibt.
- Achtet darauf, dass ihr jeweils bei Tisch auch zu Wort kommt und nicht nur eure Kinder.
- Vergesst vor lauter Elternalltag die Sinnlichkeit und die Sexualität nicht.
- Schafft euch eure eigenen Nischen und bewahrt sie euch.
- Pflegt auch gemeinsame Freizeitaktivitäten zu zweit.
- Nehmt euch auch in den wildesten Kinderzeiten möglichst jede Woche einen eigenen freien Abend zu zweit.
- Schleicht euch weg! Lasst die Kinder zu Hause wieder einmal ihre eigenen Erfahrungen machen. Lasst sie auf euch warten oder gar ein wenig um euch bangen.
- Mutet euren Kindern auch andere vertrauensvolle Betreuungspersonen zu. Auch wenn sie vieles anders handhaben, sind es wertvolle Lebenserfahrungen für die Kinder.
- Setzt Grosseltern, Götti und Gotten für Entlastungszeiten ein.

- Vielleicht gibt es auch gute Nachbarn und Freunde, die euch ab und zu die Kinder abnehmen.
- Eine kinderfreie Woche pro Jahr würde jedem Elternpaar gut tun!
- Benützt euren Schlafraum für euch und nicht für die Kinder. Eure Betten gehören euch und sind keine zusätzlichen Spielwiesen für die Kinder. Bei Krankheiten mag es hin und wieder einen Kinderbesuch geben, aber sonst haben Kinder in den Ehezimmern wenig verloren.
- Nutzt massvoll all die vielseitigen Angebote von Schulen, Jugendorganisationen und sonstige Freizeitangebote für Kinder. Es können für sie wertvolle, gute Erfahrungen und Bereicherungen sein – und für euch selbst Verschnaufpausen und kostbare Zeiten für die Liebespflege.
- Achtet darauf, dass es bei euch noch andere Themen als nur Kinderfreuden und Kindersorgen gibt.
- Haltet euer Haus offen, indem ihr stets viele Freunde und andere euch sympathische Menschen einladet, für die eigene Abwechslung und um mal wieder auf andere Gedanken zu kommen.
- Pflegt eure Beziehung liebevoll, auch im Interesse eurer Kinder, damit diese nie einen Elternteil verlieren und daran zerbrechen.

Immer wieder begegne ich jungen Paaren in meiner Praxis, die mir fast vorwurfsvoll weismachen wollen, warum man ihre Kinder noch nicht allein lassen dürfe. Warum die Kinder nicht gern in Schullager gehen, warum die Grosseltern nicht geeignet sind ... Und die fixe Idee ist immer die gleiche: Zuerst kommt doch das Wohl der Kinder, viel später dann das Wohl der Partnerschaft. «Später werden wir es dann schon versuchen!» Nur, leider ist später oft zu spät. Die Liebe ist erloschen oder es ist plötzlich niemand mehr da, mit dem man noch eine liebenswerte Beziehung leben möchte oder könnte.

Noch ein Grund, der sehr für eine bevorzugte Pflege der Partnerschaft spricht: In unseren Tagen sind Schulen und die gesellschaftlichen Umstände sehr unruhig. So haben Kinder sich auf ein Wechselbad von Bezugspersonen und eine kurzlebige Welt ausserhalb des Hauses einzustellen. Umso wertvoller ist es daher, wenn zu Hause die zwei wichtigsten Bezugspersonen konstant bleiben. Dies gibt einen unschätzbaren Wert an emotionalem Boden, auf dem dann starke Bäume wachsen können.

Ein Recht auf Kindheit

> Einst waren Kinder vom würdevollen Leben der Erwachsenen mit all seinen Höhen und Tiefen – geschützt durch Geheimnisse, die klugerweise nicht preisgegeben wurden – so fasziniert, dass sie sich wünschten, erwachsen zu sein.
> Heute erleben sie bei den Erwachsenen haltlose Leere und emotionales Durcheinander ... Kinder müssen Dinge verdauen, die selbst Erwachsene unverdaulich finden. *Robert Bly*

Alles zu seiner Zeit! Dieser Satz müsste heute in vielen Kinderzimmern hängen oder noch besser: in den Köpfen der Eltern. Jedes Kindesalter, mit all seinen Besonderheiten, sollte von jedem heranwachsenden Kind durchlebt werden können. Nichts darf überhüpft werden, sonst wird es in der Entwicklung des Menschen später einmal fehlen und Defizite hinterlassen. Mit mühsamen Therapien wird dann jeweils versucht, diese nicht gelebten Kinder- und Jugendzeiten nachzuholen.

Heute lassen sich zu viele Eltern vom Zeitgeist und von den Kindern selbst drängen. Ärgerlich ist, dass kommerzielle Unternehmen sich in die Kinderstuben einschleichen. Sie suggerieren, dass Kinder in diesem und jenem Alter schon dieses und jenes Bedürfnis zu stillen hätten. So werden zum Beispiel Kinder bereits eingekleidet wie kleine Erwachsene, mit entsprechenden Marken, versteht sich. Oder Kinder brauchen scheinbar dringend ihre eigenen Parfüms, Schminkfarben ...

Eva Zeltner spricht in ihrem Buch ‹Generationen-Mix› gar von der ‹geplünderten Jugend›. Sie beschreibt, wie Kinder und Jugendliche heute ihre Freizeit und Beziehungen gleich gestalten wie Erwachsene. Dabei geraten sie sogar in Krankheiten von Erwachsenen wie: Stress, Depressionen und andere Leiden.

Am schlimmsten aber finde ich, was heute alles den kleinen Kinderaugen und Kinderseelen zugemutet wird an schreienden und knalligen, kinderuntauglichen Bildern und Geschichten. Kleinkinder können in den ersten Jahren noch gar nicht unterscheiden, was Wirklichkeit und was Fiktion ist. Und wie um Gottes willen sollen die kleinen Geschöpfe all den Mist verdauen und einordnen? Kein Wunder, werden heute gerade den sensiblen Kindern schon kiloweise Ritalin und andere Beruhigungsmittel verordnet.

Bei Jugendfilmen wird die Altersgrenze immer mehr nach unten verschoben, und zu Kindersendezeiten werden die extremsten Päng-päng-Geschichten und andere brutale Dinger abgespult. **Es ist zum Heulen, was dadurch den empfindsamen Kinderseelen angetan wird.** Gerade *sie* sind auf dieses lebenszerstörende Guck-Guck-Verhalten speziell anfällig und dadurch besonders gefährdet.

Ärgerlich ist auch, wie Kindern die Zeit geradezu vollgestopft und verplant wird. Zur Kreativität anregenden eigenen Langeweile kommt es leider gar nicht mehr. Längst sind sie alle am Konsumieren. Dauernd auf Trab! Eltern und Kinder ertragen die Langeweile nicht mehr. Für Kinder wäre aber diese ‹sinnlose› Zeit sehr kostbar. Einerseits, um Erlebtes nachzuspielen und zu verdauen, und andererseits, um eigenes Tun zu entwickeln und zu erleben.

Es ist übrigens auch nicht wahr, dass sich Kinder durch Fernsehen und Computer besonders viel Wissen aneignen. Kinder lernen immer noch durch das eigene Tun und durch das Üben, Üben, Üben. Stundenlanges Konsumieren von Secondhand-Erfahrungen verinnerlicht sich noch lange nicht zu eigenem Wissen. Das Lernen baut auf dem Tun auf.

Tragisch ist auch, wenn Kinder derart verführt und verleitet werden, dass sie selbst das Kindsein als kindisch überspringen möchten. Verträumte und echt kindliche Kinder werden dann von den anderen ausgelacht und verspottet. Sie treiben einander förmlich an im Nachäffen von Schon-erwachsen-sein-Wollen. Söhne und Töchter verpassen dadurch wichtige altersgemässe Erlebnisse und Erfahrungen. Denn es gibt eine Eigenwelt des Kindes. Kinder sind nicht einfach kleine Erwachsene. Schafft ihnen wieder mehr Platz für eine eigene, verträumte Kinderwelt!

Exaktes Hingucken und Vergleichen

Es macht Sinn, die eigenen Kinder immer wieder exakt zu beobachten, vor allem im Kontakt zu anderen Kindern. Gerade in den jetzigen Kleinfamilien ist es möglich, dass das Sozialverhalten zu Hause kaum sichtbar wird. Erst im Umgang mit anderen Menschen zeigen sich allfällige Verwöhnungsanfänge. Verwöhnte Kinder kommen mit dem Einhalten von Spielregeln nicht zurecht, können sich schlecht einordnen, weichen anderen aus oder sie sind andern Kindern gegenüber tyrannisch und boxen sich lieblos durch.

Jungen Müttern fällt oft auf, dass ihr Kind nicht gerne mit anderen Kindern spielt. Aber meistens wissen sie nicht, warum das eigene Kind andere meidet.

Hier ein paar Denkanstösse:

- Spielt Ihr Kind gerne mit anderen Kindern?
- Welche Kinder bevorzugt Ihr Kind?
- Wer bestimmt unter den Kindern?
- Wechseln sie ab?
- Welche Kinder meidet Ihr Kind?
- Was spielen sie jeweils?
- Teilt Ihr Kind ab und zu Dinge mit anderen Kindern?
- Wie tragen sie Uneinigkeit aus?
- Wie ist das Streitverhalten Ihres Kindes?
- Toleriert Ihr Kind andere Bedürfnisse?
- Wird Ihr Kind leicht zornig und aggressiv?
- Weicht Ihr Kind zu leicht aus?
- Hängt Ihr Kind oft unzufrieden herum?
- Kann Ihr Kind abwarten?
- Überschätzt oder unterschätzt Ihr Kind sich?
- Traut sich Ihr Kind selbst viel oder wenig zu?
- Hat Ihr Kind Ausdauer oder gibt es schnell auf?

Diese und andere Fragen können mithelfen, dass Sie selbst das soziale Verhalten Ihres Kindes besser erkennen, um rechtzeitig mögliche Auffälligkeiten und Defizite zu hinterfragen. Es kann nämlich gut sein, dass Ihr Kind zu Hause friedlich und erträglich ist, dies aber nur, weil Sie selbst sehr geschickt und schonend mit Ihrem Prinzen oder Ihrer Prinzessin umgehen. Sie selbst sind vielleicht sehr gutmütig oder ein wenig konfliktscheu oder konfliktmüde und weichen deshalb gerne aus. Im Umgang aber mit anderen Menschen, die sich weniger schonungsvoll verhalten, fällt nun das Toleranz- und anderes soziales Verhalten eher auf. Dies erklärt auch, warum sich Kinder zwar zu Hause im Schonungsfeld der Eltern recht gut zurechtfinden, aber bereits im Kindergarten überfordert reagieren und auffällig werden.

Es macht auch Sinn, wenn Sie ab und zu sorgfältig besprechen, wie Sie persönlich die Entwicklung Ihrer Kinder sehen. Die Beobachtungen von Mutter und Vater sind nicht immer identisch, vor allem wenn Mutter und Vater unterschiedlich *sein dürfen*. Eltern müssen zwar das gleiche Ziel vor Augen haben, aber sie sollen sehr wohl im Umgang mit den Kindern ihre Eigenarten zum Zug kommen lassen. Dies wiederum wäre sehr dienlich, um Auffälligkeiten oder leichte Verwöhnungsmödeli rechtzeitig zu erkennen und zu erfassen.

Fragen, die sich Eltern stellen könnten:

- Was freut dich jetzt besonders an unserem Kind?
- Was nervt dich?
- Wenn du mit den Kindern weggehst, was nervt, was freut dich?
- Meckert unser Kind bei dir auch so viel herum?
- Findest du nicht auch, dass unser Kind wenig Toleranz zeigt?
- Wann ist seine Frustrationstoleranz am kleinsten?
- Was glaubst du, warum unser Kind immer so leicht aus der Fassung gerät?
- Was, denkst du, bleibt von den Fernsehbildern bei ihm hängen?
- Müssten wir nicht den Fernsehkonsum bremsen?
- Warum hat unser Kind diese oder jene Geschichte am liebsten?
- Warum wohl mag unser Kind meine Mutter nicht?
- Warum wählt unser Kind das viel jüngere Nachbarskind als Freund?
- Hat unser Kind nicht bereits immer das letzte Wort?
- Was tun wir, wenn unser Kind etwas verweigert?
- Sind wir konsequent?
- Konsumiert unser Kind zu viel?
- Fordern wir von unserem Kind genügend Eigenleistung?
- Verwöhnen wir unser Kind?

Diese offenen Kinderbesprechungen sind wertvoll und helfen, rechtzeitig mögliche Auffälligkeiten besser zu erkennen und anzugehen.

Mit welchen Richtlinien soll aber das Verhalten der eigenen Kinder verglichen werden? Nun, eine einfache, aber sehr wertvolle Möglichkeit kann bei allen Eltern sein: das Vergleichen mit den eigenen Erinnerungen! Glücklicherweise waren Sie ja selbst einmal ein Kind – ich hoffe es wenigstens – mit guten und schlechten Eigenarten. Und nehmen wir einmal an, Sie haben eine brauchbare Erziehung genossen, Sie sind selbst lebenstüchtig geworden, ja, dann dürfte doch eigentlich auch mit jener Zeit und jenen Normen wohlwollend verglichen werden.

Was waren das damals für Normen, Werte und Forderungen?

- Wie waren Ihre Verhaltensweisen als Kind?
- Was hat Sie positiv geprägt?
- Was war eher negativ?
- Was hat Sie wohl zu einem lebenstüchtigen Menschen gemacht?
- Wie lernten Sie Toleranz und anderes soziales Verhalten?
- Wie lernten Sie, Grenzen und Regelungen zu akzeptieren?
- Was verhinderte bei Ihnen das Verwöhntwerden?
- Welche Werte und Erziehungsansätze aus der Kindheit Ihrer Partnerin oder Ihres Partners finden Sie besonders wertvoll?
- Welche Werte und Richtlinien von damals sind heute nicht mehr brauchbar?

Vielleicht belächeln Sie einige Regeln und Werte, die Ihre Eltern mit Ihnen eingeübt haben. Einige sind vielleicht auch ein wenig überaltert. Und trotzdem waren sie prägend und machten aus Ihnen einen liebenswerten Menschen. Wäre da nicht einiges zu übernehmen?

Sicher gibt es noch andere Personen, die Ihnen nahe stehen und deren Kindererziehung Sie gut finden. Diese Vergleichsmöglichkeiten sollten Sie nutzen. Wenn Sie gar ein Elternpaar kennen, mit dem Sie ab und zu offen vergleichen, ist das besonders wertvoll. Versuchen Sie doch, so eine offene Gesprächskultur mit anderen Suchenden zu entwickeln. Es lohnt sich. Sinnvoll sind aber auch Elterngruppen und Elternforen, wo immer wieder Normen und Verhaltensweisen der Kinder besprochen und verglichen werden. Pflegen Sie eine erzieherische Wachheit!

Kindern vertrauen und vieles zutrauen

> Kinder müssen gefordert und gefördert werden, damit sie lernen, an ihre eigenen Kräfte zu glauben. *Peter Struck*

Den Kindern schon frühzeitig vieles zuzutrauen, gibt ihnen Mut und fördert das Vertrauen in die eigenen Kräfte. Es ist ein wichtiger pädagogischer Grundsatz auf dem Weg zur Selbständigkeit: **«Ich traue dir zu, dass du es selbst schaffst!» – «Siehst du, Mami, jetzt kann ich es schon selbst.»** Das sind stark machende Sätze, die das Selbstvertrauen bilden.

Ich traue dir zu, mein Kind, dass ...
- du dich nun selbst anziehen kannst.
- du nun selbst die Schuhe binden kannst.
- du nun ohne mich auf dem Fahrrad fahren kannst.
- du nun selbst deine Aufgaben machen kannst.
- du nun selbst dein Zimmer aufräumst.
- du nun allein ins Wasser hüpfst.
- du nun selbst deine Sachen suchst.
- du nun selbst dich entschuldigst bei der Lehrerin.
- du nun selbst wieder Frieden machst mit deinen Freunden.
- du nun selbst diese Anschaffung finanzierst.

«Du schaffst es allein,
mein Sohn! Bravo!»
Pa

- du nun selbst aufstehst am Morgen.
- du diesen Weg allein gehst.
- du selbst daran denkst, wann du nach Hause kommen musst etc.

Muten Sie Ihren Kindern ruhig etwas zu, sogar etwas mehr, als diese sich selbst zutrauen. Aber vergessen Sie nie, sie dann zu loben und die Leistung anzuerkennen! Das gibt neuen Mut und neues Vertrauen, um sich an noch Ungewohnteres und Schwierigeres heranzuwagen.

Vertrauen schafft: sich nochmals trauen!

Vergessen Sie Ihren fürsorglichen Service, sonst schaffen Sie damit nicht nur passive und verwöhnte Kinder, sondern fördern damit gar Bequemlichkeit und erlernte Hilflosigkeit: «Nein, das kann ich doch nicht!»

Grundsätzlich ist es so: Überaktive Eltern ergeben passive Kinder! Je mehr Sie also tun, desto fauler werden Ihre Töchter und Söhne. Keine gute Entwicklung! Aber in vielen Häusern läuft es leider so.

Vertrauen Sie daher vielmehr auf die Kräfte Ihrer Kinder. Diese werden vorwiegend über das eigene Tun lernen. Darum müssen und können sie vieles selber tun. Kinder brauchen nur mehr Zeit dazu. Also seien Sie weniger ungeduldig. Denn die Überlebenslust unserer Kinder ist faszinierend. Nur dürfen wir diese Lust auf Leben und Tun nie stoppen oder ihnen gar entziehen. Ihnen gehört diese Übungszeit! Sie ist eine gute Investition in eine starke Jugend.

Erfüllen Sie Ihren Kindern auch nicht jeden Wunsch. Offene Wünsche und Träume sind etwas Wunderbares. Das sind Triebfedern für die Seele. Sie regen an zum Selber-Tun und zu eigenen Leistungen. Natürlich ist es schön, Kindern Wünsche zu erfüllen. Aber um Himmels willen nicht alle! Einige müssen immer offen und unerfüllt bleiben. Das Hoffen auf etwas darf und muss sein.

Oder verknüpfen Sie doch ab und zu Wünsche mit Forderungen: «Wenn du das schaffst, dann werde ich versuchen, dir deinen Wunsch zu erfüllen!»

Und vergessen Sie den Zaubertrank dazu nicht: Lassen Sie sie selber tun! Wer etwas für Kinder tut, was sie eigentlich selbst tun können, klaut ihnen eine wichtige Lernerfahrung. Anerkennen und loben Sie dafür ihre echten Leistungen. Das regt an und gibt aktive, lebenstüchtige und selbständige Kinder! Ohne Handeln kein Erfolg. Ohne Erfolg keine Zufriedenheit. Ohne Zufriedenheit keine glücklichen Kinder.

Wenn Sie sich also erfolgreiche und glückliche Kinder wünschen, dann schenken Sie ihnen in der Kindheit Widerstand, Aufgaben und Probleme. Denn Kinder brauchen zum Reifen beides: Lust und Unlust.

Wehret den Anfängen

Sicher kennen Sie noch den alten Spruch: ‹Was Hänschen nicht lernt, lernt Hans nimmer mehr!› Sehr simpel und trotzdem immer noch ein bisschen wahr. Nichts ist folglich lohnenswerter, als dem kleinen Hänschen möglichst frühzeitig viele nützliche Regeln beizubringen, die ihn später zu einem rücksichtsvollen und nicht verwöhnten Hans machen.

Glauben Sie nicht auch, dass die Spuren der Verwöhnung schon sehr früh gelegt werden? Und wenn die Thesen der Entwicklungspsychologie stimmen, dass nämlich in den ersten fünf Lebensjahren die meisten prägenden Charakterzüge voll entwickelt werden, dann ist es eigentlich logisch, dass vor allem in diesen ersten Lebensjahren besonders viel beachtet werden muss. Aber wer macht schon gern aus einer Mücke einen Elefanten? Das alles kann doch gar nicht so früh losgehen! Ein bisschen verwöhnen ist doch nicht so schlimm ...

Vielleicht eben doch!

Natürlich ist es toll, lässige und coole Eltern zu sein, die nicht wegen jeder Kleinigkeit ausflippen und es locker ertragen, wenn ihr Hänschen wieder einmal auf dem Tisch herumtrampelt und brüllt. Oder wenn er so richtig hartnäckig selbst bestimmt, dass er noch lange nicht müde ist und folglich sicher nicht ins Bettchen will.

Würde es sich aber grundsätzlich nicht lohnen, den jungen Erdenbürgern gleich nach ihrem ‹Eintreffen› liebevoll und bestimmt beizubringen, dass es auf diesem blauen Planeten bereits ein paar Spielregeln für sie einzuüben gilt? **Und je schneller sie diese Regeln des Zusammenlebens gelernt haben, desto willkommener werden sie überall sein.** Klug ist es daher, gewisse Normen und Grundsätze von Anfang an als selbstverständlich einzuführen, sodass es für die frisch angekommenen Erdenkinder das Natürlichste der Welt ist. Zum Beispiel, dass beim Einkaufen mit Mama oder Papa nur Sachen für die ganze Familie in den grossen Einkaufswagen gelegt werden und es folglich gar keinen Sinn macht, jedes Mal Süssigkeiten von den Regalen zu zerren und zu brüllen. Wenn Sie nun bereits ein hellwaches Hänschen haben, das wie ein gieriger Wolf guckt und möglichst viel zu erhaschen sucht, dann werden Sie nicht darum herumkommen, die Dinger bestimmt wieder wegzunehmen und zurückzulegen. Nehmen Sie ein Gebrüll in Kauf, aber handeln Sie jetzt! Und damit Sie das nächste Mal nicht wieder vor Publikum Ihre pädagogische Sondernummer durchziehen müssen, geben Sie doch vorbeugend Ihrem Nachwuchs vor dem Betreten des Ladens klare Anweisungen, wie es drinnen ablaufen soll.

Übrigens ist es halt in der Kindererziehung wie mit den jungen Pferden: Es ist leichter, sie anfangs eher an der ‹kurzen Leine› zu halten, diese langsam zu lockern und sie nach und nach immer mehr in die freie Wildbahn zu entlassen, als anfangs ohne Leine zu wursteln und dann mühsam immer wieder zu versuchen, die wilden Pferdchen einzufangen. Je älter diese sind, desto weniger wird es Ihnen noch gelingen ...!

Oder etwas buchhalterisch ausgedrückt: Wer als Eltern in die frühkindliche Betreuung investiert, wird mehrfach belohnt werden, wenn Kinder in die Pubertät und ins Erwachsenenalter kommen mit einem eigenen inneren Halt, der sie vor zerstörenden Abstürzen schützt.

Grenzen setzen und Konsequenzen ziehen

Es ist eigentlich jungen Müttern und Vätern nicht zu verübeln, dass sie spontane und abwechslungsreiche Tagesabläufe mehr lieben als immer wiederkehrende, fast sture Tagesrhythmen. Für kleine und grosse Kinder ist es aber am einfachsten, sich in Familiensysteme einzuleben und sich an ihnen zu orientieren, wenn die Regeln und Normen immer gleich sind. Ein Tagesablauf sollte im ähnlichen Rhythmus wie der andere stattfinden. Erziehungsregeln sollten möglichst wenig geändert werden. Natürlich ist es aber für junge Eltern nicht einfach, diese Abläufe regelmässig durchzuziehen.

Es ist wiederum eine Falle der Kleinfamilie, dass diese hilfreiche und logische Pädagogik der klaren Normen so ins Wanken gekommen ist. Hätten Eltern sieben oder acht Kinder, würden sie allein schon wegen ihren eigenen Kräften und Nerven alles konsequenter regeln. Eine grössere Gemeinschaft funktioniert nämlich gar nicht ohne klare Regeln und Grenzen. Aber mit nur einem Kind neigt man dazu, etwas inkonsequent zu sein. Ist es nicht fürchterlich stur, nur wegen einem Kind so einen langweiligen, immer wiederkehrenden Alltag zu organisieren?

Doch Kinder brauchen nun mal Regeln und Grenzen. Sie müssen wissen, wo das Spielfeld und die Linien sind. Das gibt ihnen Halt und Sicherheit.

Grenzen sind wie ein schützendes Geländer. Anfangs kann man sich sogar daran festhalten, später symbolisieren sie nur noch Abgrenzungen. Sie zeigen Kindern auf, wo Mein und Dein beginnt, Nähe und Distanz nötig sind, Gewalt und Liebe anfängt.

Es beruhigt Kinderseelen ungemein zu wissen,

- dass es die natürlichste Sache der Welt ist, in Familiengemeinschaften Regeln zu haben.
- wie die täglichen Regeln und Normen sind.
- wer die Regeln bestimmt.
- über welche Regeln man ab und zu diskutieren darf und über welche nicht.
- welche Konsequenzen es hat, wenn man sich nicht an Regeln hält.
- dass diese angesagten Konsequenzen auch wirklich eintreffen.

Sinvolle Familienregeln und klare Grenzen vereinfachen das familiäre Zusammenleben. Es schont zudem die Nerven der Erziehenden und ermöglicht es, die Kräfte für Wertvolleres einzusetzen. **Nichts Mühsameres, als jeden Tag um die einfachsten Spielregeln mit den Kindern zu streiten und sich zu ärgern.**

Viele Kinder, die Mühe haben, Normen und Grenzen einzuhalten, haben bereits erlebt, wie leicht in ihrem Umfeld Regeln eben veränderbar sind. Dann wird in den kleinen Köpfchen munter überlegt: «Soll ich es nun wieder versuchen? Lohnt es sich? Wie sind die Nerven von Mama heute? Soll ich ein Gebrüll oder eine Verweigerung einsetzen?» Warum auch nicht, Übung macht den Meister! Wer kann diesen jungen Draufgängern übel nehmen, dass sie mit ihren noch unverbrauchten Nerven immer wieder gern die Spielregeln überprüfen oder sie zu ihren Gunsten ändern möchten?

Das Erfahren von Grenzen ist lebenswichtig für die eigene Orientierung und gehört zu einer vollständigen Lebensschule. Es sind auch Reibungslinien und Konfrontationslinien. Wenn diese nicht im normalen Familienumfeld eingeübt werden können, werden sie weiter ‹draussen› gesucht und erlebt, aber oft leider bereits im abnormen und gefährlichen Bereich.

Es macht also durchaus Sinn, Kinder bewusst ihre eigenen Erfahrungen mit Grenzen machen zu lassen. Das heisst: Sie dürfen und müssen erleben, dass man zwar Regeln und Grenzen überschreiten kann, es danach aber Konsequenzen hat – meistens eher etwas Unangenehmes ...! Diese Erfahrungen sind wichtig. Selten kann ein Kind Erkenntnisse sammeln, ohne diese Zusammenhänge zu erleben oder selbst zu spüren. Grundsätzlich ist auch zu bemerken, dass in Familien nur Regelungen und Grenzen sinnvoll sind, wenn diese auch eingehalten werden.

Ein paar Beispiele zu natürlichen Konsequenzen:

- Wenn ein Kind abends beim Zubettgehen die Zeit vertrödelt, dann ist eine mögliche natürliche Konsequenz, dass die Zeit trotzdem läuft und es für eine Gutenachtgeschichte nicht mehr reicht! «Schade! Gell, morgen machen wir es wieder besser! Schlaf trotzdem gut!»

- Wenn Kinder am Tisch zu viel meckern und stänkern, obschon sich die Mütter wieder alle Mühe gegeben haben, dann ist eine mögliche natürliche Konsequenz, das Essen halt mal einzustellen. Punkt! So schnell wird kein Kind verhungern. Es muss nämlich gar nicht so viel gefüttert werden. Eltern sollten auch nie die Kinder allzu sehr bitten, doch nun gnädigst zu essen. Das sind ungesunde Verdrehungen. Da haben doch gewisse kleine Motzer noch nicht begriffen, dass gleichzeitig Millionen von Kindern hungern – und Essen etwas Wunderbares ist!

- Oder die natürliche Konsequenz mit heissen Dingen: Oft nützt es wenig, Kleinkindern liebevoll zu erklären, dass die Herdplatten heiss sind oder Kerzenflammen unserer Haut wirklich wehtun können. Vielleicht müssen die Fingerchen diese gefährliche Hitze erst einmal spüren, damit die Kleinen die Konsequenz des Zu-nahe-Seins verstehen?

- Wenn Kinder nicht pünktlich nach Hause kommen, wäre es eine Möglichkeit, diese unpünktliche Zeitdauer mit einer Arbeit für das Haus wieder gutzumachen.

- Wenn Kinder nicht rechtzeitig begreifen, dass sie die Regeln der Strasse einhalten müssen, dann sind sie in tödlicher Gefahr. Und weil diese Gefahr in unseren Tagen allgegenwärtig ist, sollte mit Kleinkindern möglichst auch in anderen Bereichen geübt und gelernt werden, Grenzen exakt einzuhalten. Kinder, die überall grenzenlos aufwachsen, sind möglicherweise die ersten Opfer der Landstrasse.

Ungünstig finde ich auch folgendes Verhalten von Eltern bei verwöhnten Jugendlichen: Es wird kostbare Zeit vergeudet, indem immer wieder an die Jugendlichen nur appelliert oder ihnen gedroht wird. Nichts Wesentliches oder Konsequentes geschieht.

Erst wenn die Nerven total blank liegen, dann werden die Töchter und Söhne mit viel Dramatik in ein Internat gesteckt oder plump vor die Tür gesetzt.

Dann wiederum sind diese tief verletzt, und so wird gegenseitig wertvolle Energie verpulvert ...! Keine guten Voraussetzungen für eine gesunde Entwicklung auf dem Weg zum Erwachsenwerden.

Vielleicht ist abschliessend zu diesem Thema noch ein fast philosophischer Gedanke angesagt: Freiheit kann nicht heissen, ich kann machen, was ich will, denn sonst könnten andere auch grenzenlos sein und mit mir machen, was sie wollen. Ein kluger, menschlicher Kompromiss wäre: so viele Freiräume wie möglich, so viele Grenzen wie nötig.

Klare Worte, weniger Wiederholungen

Grundsätzlich wird viel zu viel auf Kinder eingeredet. So viel, bis die Botschaften verblassen und ihren Wert verlieren. Oder noch schlimmer, bis sie unklar werden und vergessen gehen. Kinder wissen nämlich längst, wie Sie es als Eltern haben möchten, wie Ihre Regeln und Vorstellungen sind. Es ist vielmehr ein Problem des Gehorchens, des Ausprobierens, der Unlust, sich entsprechend zu verhalten.

Sagen Sie Ihre Anliegen und Anweisungen möglichst nur einmal. Danach wäre eher eine Rückfrage angesagt: «Hast du mich verstanden?» Oder: «Was habe ich vorhin exakt gesagt?» Natürlich können Sie auch, gutmütig wie Sie sind, eine Aufforderung zwei-, dreimal wiederholen. Aber um Gottes willen nicht so, wie ich es öfters beobachte: Eine genervte Mutter sagt etwas bereits zum fünften und sechsten Mal. Der kleine Prinz aber weiss, dass er eigentlich erst beim zwölften Mal hinhören muss, denn die Wiederholungen werden sicher kommen. Weiter weiss er auch, dass

es genügt, zwischen dem zwölften und fünfzehnten Mal so zu tun, als würde er jetzt gleich in Aktion treten. Cool kann er noch etwas zuwarten, denn die Androhungen sind ganz im üblichen Rahmen, nämlich absolut harmlos, total in der Norm. Also keine Panik. Hat es nicht immer wieder Lichtblicke gegeben, dass die Mutter irgendwann entnervt von ihrer Aufforderung abgesehen hat? So, dass der ganze Spuk plötzlich vorbei war und man wieder weiter fernsehen konnte? Abwarten, was kommt! Gewiss wird nichts Schlimmes geschehen. Die Androhungen werden vergessen werden. Abgesehen davon, sieht Mama nicht toll aus, wenn sie jeweils so richtig in Fahrt kommt?

Diese Papageienpädagogik ist zermürbend und durchlöchert Ihre Autorität. Zudem hilft sie mit, falsche Muster zu schaffen. Die Jungen glauben mit der Zeit, das sei die Norm der Erwachsenen. Und wenn dann Lehrer oder Lehrmeister die Dinge nur einmal sagen, begreifen sie die Welt nicht mehr: «Total verrückt! Diese sturen Böcke. Null Verständnis und Geduld! Das kann man doch so nicht machen. Schweinisch und fies!» In Deutschland haben kritische Pädagogen diesbezüglich schon happige Ausdrücke gebraucht wie ‹Verbalismus› oder gar ‹Wort-Durchfall›. Ein wenig grobe Bezeichnungen, und doch muss dieses Zu-viel-auf-die-Kinder-Einreden wirklich ernsthaft hinterfragt werden. Der Schweizer Psychologe Leo Gehrig betont in seinem Buch ‹Eltern› schon 1992: «Reden allein genügt nicht!»

Auch die Standpauken danach, wenn Sie verärgert und enttäuscht wurden, all diese Monologe sind meistens viel zu lang! Natürlich sollen Sie kurz Ihrer Verärgerung Luft machen, aber dann ist Handeln angesagt. Dann muss unbedingt eine Konsequenz kommen: «So nicht, mein Kind! Es war anders abgemacht! Jetzt machen wir es so und so!» Ende der Durchsage! Falls Ihr Liebling immer noch vor dem Fernseher kleben bleibt, wird jetzt energisch die Kiste abgestellt. Vielleicht wird das Aufstehen gar mit einem Haarzupfen oder Ohrenziehen begleitet, und ab gehts! So nach dem alten Motto: Wer nicht hören will, muss fühlen!

Klug ist es auch, wenn Sie Ihren Töchtern und Söhnen immer eine Nasenlänge voraus sind, dass Sie also Ihre Anliegen frühzeitig ankündigen. Damit zum Beispiel schon vor Beginn des Fernsehens klar ist, wie und wann wieder Schluss ist. Wenn Ihre Kinder wissen, wie konsequent die Regeln rund um das Alltägliche wie Fernsehen, Einkaufen, Zu-Bett-Gehen und Mahlzeiten sind, dann ist es auch selbstverständlicher und leichter für sie, diese einzuhalten. Und es wird nicht jedes Mal wieder ein nervenaufreibendes Ausprobieren sein.

Zusätzlich möchte ich auf Familienbesprechungen (ähnlich wie bei Gordons ‹Familienkonferenzen›) hinweisen: In guter Stimmung und mit bestimmter Sachlichkeit werden ernsthaft Dinge miteinander besprochen und *geregelt*. Regelmässig darf das Zusammenleben und Alltägliches hinterfragt und geändert werden. In jenen Sitzungen soll auf die Meinung der Kinder eingegangen und mit ihnen partnerschaftlich diskutiert werden.

Vielleicht hilft eine Metapher dazu: Spielregeln dürfen und sollen vor dem Spiel exakt und sorgfältig besprochen werden. Für alle Mitspielenden sollen sie klar und verständlich sein. Während dem Spiel (Alltag) werden keine Spielregeln geändert!

Apropos mit Konsequenzen drohen: Sagen Sie nur Dinge, die Sie dann auch einfordern und durchziehen können! Zum Beispiel eine Wieder-gutmach-Arbeit, die *sofort machbar* ist und die dann auch subito gemacht werden *muss*! Es ist besser, bei Verfehlungen von Kindern immer mit kleinen, dem ‹Vergehen› angepassten natürlichen Konsequenzen zu reagieren als mit vielen Drohungen, langen Worten und einem weiteren Zuwarten, bis dann irgendwann in der elterlichen Verzweiflung etwas fast Unmögliches abverlangt wird.

Zusammenfassend: Ein Wort zur rechten Zeit, das gültig ist und folglich von den Kindern ernst genommen wird, trägt entscheidend zu einer gelingenden Erziehung bei.

Sich nicht anbiedern, sondern Eltern sein

Vor lauter partnerschaftlichem Denken gibt es Eltern, die es moderner und cooler finden, sich von ihren Kindern mit dem Vornamen ansprechen zu lassen. Eigentlich schade, wenn diese einzigartigen, tiefen und bedeutungsvollen Namen wie Mutter und Vater so leicht gegen irgendeinen bedeutungslosen Vornamen eingetauscht werden. Die Bedeutung, eine richtige Mutter und einen richtigen Vater zu haben, wird jeweils erst bei Kindern sichtbar, die das vermissen und sich ein Leben lang danach sehnen.

Eigenartig auch, dass heute viele Mütter zur besten Freundin ihrer Tochter werden wollen. Oder Väter, die mit ihren Söhnen umgehen, als seien diese ihre Jugendfreunde. Was soll der Kitsch? Oft kommt es mir vor, als drückten sich diese Menschen vor einer grossen Aufgabe: eine natürliche und einzigartige Führungsfunktion zu übernehmen.

Das Wort Eltern kommt vom deutschen Wort *Älteren*: die Älteren, also diejenigen, die älter sind und den Jüngeren ihre Erfahrungen weitergeben können. Und in einer Zeit, da viele Kinder ohne all die wertvollen Erfahrungen von älteren Geschwistern aufwachsen, sollten sie wenigstens ein Anrecht darauf haben dürfen, dass die ‹Ältern› zu ihrem Lebensvorsprung stehen.

Ansonsten ist es, als würde versucht, ein wichtiges Naturgesetz zu umgehen oder irgendwie zu überhüpfen. Denn dieser Planet will es nun mal so, dass junges Leben heranwächst, nach gewachsenen, klaren, hierarchischen Gesetzen. Junges Leben hat ein Recht auf starke, bestimmende Beziehungsmenschen vor ihnen, auf Eltern, die mit ihren gemachten Lebenserfahrungen optimale Spuren legen. So fassen die Töchter und Söhne sicher auf dieser Erde Fuss und die ersten Schritte in diesen sicheren Bahnen werden geübt. Sie brauchen Eltern, die sich mit Leib und Seele verpflichten, die ersten zwanzig Jahre voranzugehen und zu führen.

Und es ist entscheidend für die Heranwachsenden, ob sie vor sich zwei sichere und bestimmende Menschen haben, die ihre einzigartigen Rollen voll leben und ausfüllen, ohne Wenn und Aber. «Ich bin deine Mutter!» – «Ich bin dein Vater!» – «Wir machen unser Bestes. Darum wollen wir es so oder so haben.» Das gibt Sicherheit für die noch unsicheren Töchter und Söhne, die sich in dieser lauten und widersprüchlichen Welt zurechtfinden müssen. Keine kneifenden, farblosen oder gar anbiedernden Eltern, die sich auf die gleiche Stufe wie die Kinder stellen. Sondern solche, an denen man die ersten Lebensjahre respektvoll aufschauen und auf die man stolz sein kann. Eltern, an denen man sich orientieren, halten und die man lieben kann, auf die man aber auch ab und zu böse sein darf und die trotzdem nicht umfallen oder selbst wie Kinder reagieren: **Eltern, an denen sich Kinder und Jugendliche reiben können, wenn sie verunsichert sind und kalt haben auf dieser Welt.**

Eltern, die auch zu Gut und Böse eine klare eigene Meinung haben, die sich nicht hinter einem konfusen Neutralismus verstecken. Die nicht seicht oder wacklig sind, sondern ab und zu auch ein wenig stur und unnachgiebig. Die zu ihren eigenen bisherigen Lebenserfahrungen stehen und sich selbst treu bleiben. Die nicht auf ein anbiederndes ewiges Jugendlichsein machen, sondern die grosse Herausforderung des Vorlebens übernehmen. Dann kommt es zwar zu den unumgänglichen kritischen Auseinandersetzungen und Übungsfeldern, welche die heranwachsenden Töchter und Söhne aber dringend brauchen, um sich selbst zu definieren und zu finden.

Toleranz nicht mit Naivität verwechseln

Kinder müssen Neues wagen dürfen, Grenzerfahrungen machen können, immer wieder zu neuen Fehlern ansetzen und widersprüchlich, übermütig sowie provozierend sein.

Beim Lernen und Einüben des Lebens ist es sogar wichtig, dass Kinder immer wieder stolpern dürfen – über Unvorhergesehenes, aber auch über falsche Selbsteinschätzungen – und sie sich immer ein bisschen mehr zutrauen, als sie schon können. Dazu braucht es ein grosses, weites Übungsfeld. Die Eltern als Trainer in dem frisch begonnenen Lebensspiel sollten den jungen Spielern gegenüber grosszügig und tolerant sein. Ab und zu dürfen Partien geübt werden, wo die Eltern als Trainer im Voraus wissen, dass es so nicht klappen wird, und trotzdem lassen sie das Spiel laufen, damit die kleinen Hitzköpfe ihre eigenen Lernerfahrungen machen.

Dazu braucht es eine grosse Portion elterliche Gutmütigkeit und Toleranz. Eltern dürfen nicht eng und stur sein. Mütter und Väter müssen ab und zu sogar wegblicken und weghören, damit sie nachts noch schlafen können. Und sie müssen immer wieder auch verzeihen können. Diese lebensnotwendige Toleranz ist nicht mit Naivität zu verwechseln. Das heisst, man guckt trotzdem genau hin, was bei Töchtern und Söhnen so alles abgeht.

Ist es nicht traurig, wenn Eltern von Kindern, welche Delikte verüben oder Drogen konsumieren, gestehen müssen, wie sie über Monate nichts gemerkt hätten? Alles sei immer unauffällig und absolut normal gewesen. Nur sei hier erlaubt, die böse Frage zu stellen, was bei diesen Menschen als *normal* gilt:

Ob es wirklich normal ist,

- wenn Kinder mit zehn Lebensjahren bereits ganze Tage allein unterwegs sind?
- wenn Kinder abends nach eigenem zeitlichen Gutdünken nach Hause zurückkehren?
- wenn Kinder beginnen, die Schule zu schwänzen, und immer wieder erzählen, dass die Lehrerin krank sei, das Unterrichtszimmer unauffindbar war ...?

- wenn Kinder enorm viel Geld in der Tasche herumtragen, das sie scheinbar schon wieder ‹gefunden› haben?
- wenn überall Übungsblätter herumliegen, auf denen die Unterschrift von Mutter oder Vater eingeübt wird?
- wenn Kinder immer wieder mit dubiosen Menschen telefonieren, die sie nicht zu beschreiben vermögen und deren Namen sie nicht wissen?
- wenn Kinder exakt wissen möchten, wann Sie gedenken nach Hause zu kommen und bis wann die Bude sturmfrei ist?
- wenn Ihre bequemen Kinder plötzlich aussergewöhnlich nett und hilfsbereit werden ...?
- wenn Kinder plötzlich Sachen besitzen, die Sie ihnen nicht gekauft haben?
- wenn Kinder die ersten Zigarettenpäckchen im Hause herumliegen lassen, ohne dass dies elterliche Diskussionen auslöst?
- wenn Kinder tage- und nächtelang völlig selbstverständlich die brutalsten Filme und Videos reinziehen?

Wenn Ihre Jungen Ihr Vertrauen einige Male kräftig missbraucht haben, dann sind ein paar Kontrollgänge und Kontrollfragen angebracht und unumgänglich.

Nehmen und Geben einüben

Für viele kleine und grosse Erdenbürger ist es in unserer Zeit nicht mehr so selbstverständlich, dass das soziale Zusammenleben und unsere soziale Kultur eigentlich nur funktionieren können, wenn ein faires Nehmen und Geben gespielt wird. Alles andere zerstört Partnerschaften, Familien und ganze Ländereien. Eigentlich ein wichtiges Thema für unsere Kinder und Jugendlichen. Heute scheint aber einiges aus den Fugen geraten zu sein.

Schleunigst müssten nämlich einige bedrohte Kids dieses soziale Naturgesetz überhaupt erst kennen lernen: Wie du mir, so ich dir! Machst du deine Aufgaben gut, mache ich meine Aufgaben gut. Hilfst du mir, dann helfe ich dir etc. Es ist kein gutes Lernen am Modell möglich, wenn Eltern nur geben und zudienen und gleichzeitig von den Kindern nichts zurückfordern. Die beste Anleitung, um verwöhnte Kinder zu bekommen: Bedienen und unterhalten Sie Ihre Kinder von morgens bis abends, und bald werden Sie verwöhnte Tyrannen haben.

Nein, lassen wir den Zynismus beiseite. Das faire Geben und Nehmen kann und muss in der Familie beginnen. Nichts Schlimmeres als erschöpfte Mütter und Väter *und* bequeme Kinder oder verwöhnte Jugendliche! **Was hilft es den Kindern, wenn sie bald ausgebrannte Eltern haben und im schwierigen Jugendalter niemand mehr da ist, an dem sie sich orientieren, reiben und abstossen können?**

Wie kann man nun in Familien geschickt das Geben und Nehmen einüben? Vorerst mal mit einfachen und fairen Regeln. Diese sollten klar sein und immer wieder deklariert werden. Dazu eignen sich die bereits erwähnten Familienkonferenzen. In ruhigen Sitzungen wird immer wieder diskutiert und dann bestimmt den Heranwachsenden gesagt, wie das Zusammenleben stattfinden soll. In diese Haussitzungen gehören die Arbeitsverteilungen, welche Ämtli und kleineren Verpflichtungen jeder bekommt, wer was zu erledigen hat und so weiter. Hier sind Ihre Kinder ansprechbar und aufnahmefähig, das Geben und Nehmen zu begreifen. Kinder sollen ernst genommene kleine Familienmitglieder sein, mit Rechten und Pflichten. Sie sollen nicht behandelt werden wie unverbindliche Gäste.

Nun auch ein paar notwendige Gedanken zum heiklen pädagogischen Thema Taschengeld: Bereits verhalten sich Kinder und

Jugendliche so, als hätten sie Anrecht auf Geld in der Tasche. Es geht ihnen höchstens noch darum, wie wenig oder wie viel sie haben müssen. Anrecht auf Taschengeld ist aber noch lange kein Menschen-Kinderrecht. Es mag zwar Sinn machen, Kindern Geld zu geben, damit sie den Umgang mit Sparen und Ausgeben üben können. Es dürfen aber an dieses Geben durchaus Gegenleistungen geknüpft werden wie gutes Benehmen, gehorchen, Hausämtli machen etc. Für Jugendliche ist es auch sinnvoll, wenn diese die Möglichkeit haben, mit Arbeit und Leistung sich ein paar Franken zu verdienen. Sei dies durch Rasenmähen, Fensterputzen und andere wertvolle Dienste, vielleicht sogar in der Nachbarschaft.

Auch die Geschenkkultur in Ihrer Familie soll immer wieder überprüft werden. Ist es notwendig, bei jedem Einkauf noch ein Geschenklein heimzubringen? Oder die fröhliche Überflutung mit Geschenken an Weihnachten, ist das nicht eine falsche Konsumspur?

Ebenso die immer grösseren Geburtstagspartys mit immer verrückteren Ansprüchen: Bereits haben diese Feiern ein Mass erreicht, welches Familienkassen plündert und nudelfertige Mütter produziert!

Noch ein Wort zur Belohnung: Gute Leistungen müssen Anerkennung und Lob finden. Besondere Leistungen können auch belohnt werden. Belohnen aber mit Geld und Geschenken soll sorgfältig und eher sparsam eingeführt werden. Es ist unklug, wenn für die kleinste Leistung eine zu grosse Belohnung eingesetzt wird, die ja meistens später noch gesteigert werden muss. Gefährlich wird es dann, wenn Jugendliche gar belohnt werden wollen, wenn sie keinen Mist bauen. Oder wenn sie Belohnungen erpressen: «Wenn ich euch in Ruhe lasse, wie viel ist euch das wert?»

Auch das Teilen will und muss gelernt sein. Doch wie können Einzelkinder lernen, Schokolade aufzuteilen, wenn die Geschwister fehlen? Dafür sind ‹offene Häuser› notwendig, wo andere Kinder dazukommen dürfen, und dann wird mit diesen die Zvieri-Schokolade geteilt!

Zum guten Lernen von Geben und Nehmen gehört, mit den Kindern und Jugendlichen Kompromisse einzuüben: faire Kompromisse zwischen den eigenen Bedürfnissen als Eltern und den Wünschen und Bedürfnissen der Kinder. Machen Sie ab und zu auch kleine schriftliche Verträge, wo schön säuberlich die neuen Regelungen und Vereinbarungen exakt festgehalten werden. Es erspart mühsame spätere Diskussionen und Mogeleien.

Noch ein letzter Punkt, der für ein rechtzeitiges Einüben von Geben und Nehmen spricht: Wo um Himmels willen sollen junge Menschen das lebenswichtige feine Glasperlenspiel von Geben und Nehmen für Partnerschaften lernen, wenn nicht in ihrer Kindheit? Gegenwärtig wimmelt es von heranwachsenden Königskindern, die kaum dieses Spiel beherrschen. Söhne, die Partnerschaften verwechseln mit einer weiteren Hotel-Mama-Institution und dann die Welt nicht mehr begreifen, wenn die Bedienung und der Service ausbleiben ...! Aber auch Töchter, die absolut nicht mehr bereit sind zu dienen, zu pflegen und zu geben, und meinen, alle Männer müssten so gutmütig und verwöhnend sein wie Papa! Ach, die Chancen für eigene glückliche Langzeitbeziehungen stehen schlecht für all diese verwöhnten Königskinder!

Verzicht und Frustration ertragen lernen

Sollen Kinder nicht erst einmal vor allem glücklich sein im Leben? Eine glückliche Jugendzeit ist doch die beste Vorbereitung für das spätere, hürdenreiche Leben. Verzichten und Frustrationen einstecken können sie ja dann später noch genügend. Einverstanden! Im Grossen und Ganzen soll es zu Beginn eines Menschenlebens glücklich zu- und hergehen. Trotzdem hat es aber die Natur so eingerichtet, dass neben Sonnenschein auch ab und zu übles Wetter herrscht. Und da kann es schon von Nutzen sein, wenn Menschenkinder rechtzeitig lernen, dass auch kräftige Winde wehen oder Furcht erregende Gewitter aufkommen, ohne dass deshalb die Welt gleich untergeht.

Es mag ja ein Schöpfungsfehler sein, dass es auf dieser Erde nicht liebevoller und friedlicher aussieht. **Aber solange wir diese Welt nun mal so haben, mit all ihren Leiden und Verletzungen, solange müssen wir unsere Kinder auch auf diese Schattenseiten vorbereiten.**

Und eine gute Lebensvorbereitung befähigt Kinder,
- Unangenehmes zu ertragen.
- verzichten zu können, ohne gleich zu verzweifeln.
- hin und wieder Enttäuschungen und Verletzungen durch Mitmenschen auszuhalten, ohne deswegen zu verstummen oder gar kontaktscheu zu werden.
- ab und zu frustriert zu sein.

Heranwachsende Menschen müssen lernen, Unlust und Trübsal zu ertragen. Es kann nicht immer nur spassig und lustig sein. Auch der Umgang mit Traurigkeit darf und muss geübt werden, ebenso der Kontakt mit Schmerzen. Lernen, Ungerechtigkeiten einzustecken, ist eine Herausforderung und für das spätere Leben äusserst nützlich.

Gegenwärtig ist Lust und Fun angesagt. Man hat aufgestellt, cool und happy zu sein. Es *muss* uns super gehen. Das Ganze aber ist ein fürchterlicher Bluff, eine riesige Falle. Unsere Spitäler und Kliniken sind überfüllt. Wir haben zunehmende Jugenderkrankungen und fast weltweit die meisten Jugendsuizide. Eine schlimme

Zeit für heranwachsende Kinder und Jugendliche, wenn sie in diese oberflächliche und laute Spassgesellschaft nicht hineinpassen, sondern eigentlich innerlich still und ängstlich sind. Sie leiden heimlich, aber rundherum werden kitschiges Strahlen und Happiness erwartet. Schliesslich verstummen und verzweifeln diese sensiblen Wesen.

Wären wir alle miteinander weniger kitschig und ein bisschen ehrlicher, dann müssten viele sensible junge Menschen weniger aussteigen und zugrunde gehen. Es ist, als hätten wir bald verlernt, richtig mit Leid, Schmerz und Tod umzugehen. Zwar gaffen wir stundenlang in die Flimmerkisten, und das Scheinsterben und Morden nimmt zu, aber im richtigen Leben werden diese wichtigen Themen umgangen, tabuisiert und totgeschwiegen.

Also, ein paar Tränen dürfen und müssen sein. **Muten Sie Ihren Töchtern und Söhnen auch ein paar Berührungen mit den Schatten dieser Welt zu. Es ist der Kontrast, der die Tiefe der Seelen bildet.**

Stehlen Sie Ihren Kindern nicht die Widerstände, Hindernisse und Probleme. Das ist nämlich der Stoff, aus dem eigenständige und tragfähige Menschen gemacht werden. Wie sollen junge Menschen den Umgang mit Hindernissen üben können, wenn ihnen dauernd diese Hürden weggeräumt werden?

Hierarchien einhalten: Mut zum letzten Wort!

Leider ist es nicht so, dass Himmelskinder einfach nur gut zur Welt kommen. Immer wieder gibt es zwar Pädagogen, die glauben, dass wir Kinder eigentlich nur gewähren lassen sollten und – Simsalabim – alles gut wird. Meines Erachtens aber sind es empfängliche kleine Wesen, die wir erst zu positivem sozialem Verhalten erziehen, führen und begleiten müssen. Ohne unser aktives

Dazutun würde die negative, egoistische und verwahrlosende Seite überhand nehmen. Leicht können Kinder auf die andere Seite kippen und zu kleinen, unsozialen Monstern verkommen.

Sozialisierende und lebensnahe Erziehung ist daher eine intensive und jahrelange Aufgabe. Auch geht es nicht, ohne dass hie und da die Fetzen fliegen. Diese Tests und Reibungsdialoge müssen sein. Wir kommen nicht darum herum, den kleinen und grossen Nervensägen immer wieder die Stirn zu bieten.

Nehmen wir ein aktuelles Thema: Wann, wie und wo sollen Heranwachsende ihre Erfahrungen in der Sexualität mit dem anderen Geschlecht ausleben dürfen? Gegenwärtig läuft Verrücktes ab: Mamis, die ihren zwölfjährigen Kindern die Pille besorgen, weil sie sowieso nicht mehr die Autorität haben, Nein zu sagen. Oder Eltern, die zu Kupplern ihrer eigenen Kinder werden, mit dem Spruch: Besser sie machen es unter unserem Dach als irgendwo! Nur: Wer sagt, dass diese frühreifen, grenzenlosen Kinder es schon jetzt machen müssen? Warum nicht auch den Mut wieder finden, den Kids zu sagen, dass alles erst zu seiner Zeit Sinn macht?

Natürlich ist es bequemer, auch diesen Auseinandersetzungen auszuweichen. Es ist aber meistens nicht klüger. Oft kommt dann der Zusammenstoss nur ein paar Tage oder Monate später. Die Jungen sind dann aber noch wortgewandter, kräftiger, noch kecker geworden und Sie, liebe Eltern, leider noch ein wenig älter und müder. Einverstanden, es braucht gute Nerven und viel Energie, sich immer wieder den Herausforderungen von lebhaften Kindern und Jugendlichen zu stellen. Doch Kinder brauchen diese Auseinandersetzungen mit uns Erwachsenen. Es sind häufig diese Reibungen an den Grenzen und Regelungen, die wir ihnen stellen, an denen sie sich dann orientieren können. Sie wollen es jeweils wissen. Und sie müssen es auch wissen! Vor diesen nervenaufreibenden Streitgesprächen gibt es kein Entrinnen.

Doch schon geraten wir in einen Widerspruch: Wir wollen es doch selber lieber friedlich und schön haben. Viele von uns Erwachsenen sind sehr harmoniebedürftig und fast ein wenig harmoniesüchtig geworden. Harmonie um jeden Preis! Wir küssen uns alle auf die Bäcklein, plaudern lieber stundenlang nett miteinander, sind esoterisch verklärt und liebevoll geworden. **Wir sind fast ein wenig zu bisslos geworden für das Erziehen einer heranwachsenden, anspruchsvollen Jugend.**

Heute drücken sich viele Eltern vor den notwendigen Auseinandersetzungen mit ihren Kindern und Jugendlichen und delegieren die an die Schulen oder springen schnell zum Psychologen. Dann aber laufen sie Gefahr, dass aus den Kindern Fälle gemacht werden. Für alles gibt es wunderbare Etiketten, und gewisse Therapeuten füllen ihre Praxis mit aufmüpfigen, suchenden Jugendlichen. Diese sind enttäuscht über ihre kneifenden Eltern, rotzen kräftig drauflos, verlieren erst recht den Respekt und die Achtung vor ihnen, und ein unheilvoller Teufelskreis beginnt.

Eltern müssen aber der Familie vorstehen und vorangehen. Und Kinder müssen ‹folgen› können. Interessanterweise haben wir in unserem Dialekt ‹folgen› für ‹gehorchen› eingesetzt. Gesunde Kinder lieben Eltern, zu denen sie aufschauen und auf die sie stolz sein, zu denen sie aber auch aufmüpfig und testend frech sein dürfen. Eltern sollten auch nicht jammernd hinterher oder anbiedernd nebenher, sondern im Leben vorausgehen als Vorbilder und Spurenleger. Wenn nämlich vorn niemand ist, dann müssen Kinder sich selber die unmöglichsten Vorbilder, Idole und ‹Autoritäten› suchen.

Wegen der Führungsverweigerung vieler Eltern machen sich auch folgende bedrohliche Verhaltensweisen breit: Viele heranwachsende Kinder und Jugendliche können sich gar nicht mehr richtig in Schulen und Lehren ein- und unterordnen. Vor allem Lehrlingsausbildner und Betriebsleiter klagen, wie Jugendliche sich nicht mehr eingliedern lassen. Zudem würden sie – vielleicht eingeübt von zu Hause – alles altklug kommentieren und meinten immer das letzte Wort haben zu müssen. Wie schon erwähnt, Tausende brechen in unserem Lande ihre Ausbildungen frühzeitig ab. Daher, liebe Eltern, kneift bitte nicht! Steht zu eurer Führungsrolle. Diskutiert und streitet viel mit euren Kindern. Nehmt wieder Standpunkte ein und versteckt euch nicht hinter nichts sagenden und verwässerten Aussagen. Ihr müsst auch den Mut für das letzte Wort haben! Ob ihr wollt oder nicht, ihr sollt die Häuptlinge in der Familie sein. Die kleinen Häuptlingskinder lieben euch dafür. Nicht jeden Augenblick, dafür später umso mehr! Vielleicht auch erst dann, wenn sie selbst einem Familienzelt vorstehen und Spuren legen ...!

Natürlich müssen Eltern ihre Vorbilderrolle auch ab und zu überprüfen und sich fragen, wie glaubwürdig und vorbildlich sie wirklich sind. Zum «Erziehen zur Selbsterziehung» hat Paul Moor, ein weiser Pädagoge, aufgerufen. Also, darauf zu achten, wie gut wir selbst mit unseren Schwächen und Stärken umgehen, ist angesagt. Wie diszipliniert und konsequent werden wir unseren Anforderungen gerecht? Gegenwärtig verwöhnen wir uns alle miteinander ein bisschen zu sehr. Das macht uns nicht allzu glaubwürdig gegenüber verwöhnten Kindern und Jugendlichen!

Mütter, holt die Väter zurück!

Längst ist besorgten Menschen klar geworden, dass die Anwesenheit der Väter für eine gesunde Erziehung von Töchtern und Söhnen wichtiger ist als bisher angenommen. Die Männer fehlen immer mehr in den heutigen Familien und Schulen. Die vaterlose Gesellschaft hinterlässt aber seit langem schlimme Spuren beim Heranwachsen unserer Jugend. Warum fehlen gegenwärtig diese Gesellen in den Familien?

Unsere Arbeitswelt ist alles andere als familienfreundlich. Viele Berufsmänner müssen irgendwo ihre beste Zeit hergeben für ihre Firmen und deren Produkte. Es ist ein Jammer. Zwar tragen diese Männer gute Löhne nach Hause, aber sie fehlen dort.

Ein weiterer Grund aber ist, dass viele Väter auch kneifen. Sie hätten eigentlich die Zeit, um ihre Vaterrolle auszufüllen und sich an der Erziehung mehr zu beteiligen. Aber sie schleichen weg in Freizeitaktivitäten, in politische Ämter, ins Militär und nehmen sich andere Steckenpferde.

Doch leider fehlen gute Väter oft zu Hause auch, weil sie dort von Löwenmüttern nicht den ihnen zustehenden Platz bekommen. Sie bekommen von ihren Frauen nur eine eigenartige Nebenrolle oder nur eine zudienende Rolle zugewiesen. Es ist zwar einleuchtend, dass den Müttern von der Natur durch Schwangerschaft und Geburt zuerst die Hauptrolle zugeteilt wird. Nur müssten sie dann im Interesse ihrer eigenen Kinder nach einer gewissen Zeit wieder lernen, ihre Hauptrolle mit den Vätern in zwei Hauptrollen zu teilen. Doch dieses Abgeben und Fair-Teilen fällt vielen heutigen Frauen schwer. Sie benehmen sich, als wüssten nur sie allein, wie man mit ihren Kindern umzugehen hat: «Nein, nicht so! Ich will es so haben! Sicher nicht mit *meinem* Kind! Bitte mache es so, wie ich es dir sage! Ich will nicht, dass du *mein* Kind ...» Und so weiter. **Väter machen vieles anders als Mütter, aber sie machen nicht alles falsch!**

Im Gegenteil. Gerade weil sie es ein wenig anders machen, gerade deswegen würden sie ihren Töchtern und Söhnen so gut tun. Vielleicht wären sie ab und zu weniger fürsorglich, manchmal unsorgfältiger, ungeduldiger, widersprüchlicher, dann wieder gelassener, spontaner, spielerischer, aber es wäre auch gut so.

Es ist für jedes Kind eine Bereicherung, zwei unterschiedliche Bezugspersonen zu erleben. Vor allem für die Knaben ist es lebenswichtig, die männliche Beziehung und Erziehung zu erleben. Denn später begegnen sie in der Arbeitswelt vorwiegend diesen Wesen. In der gegenwärtigen Erziehungskrise frage ich mich oft, woher eigentlich Mütter wissen sollen, wie man Buben erzieht. Müssten nicht wenigstens bei den Söhnen die Väter eher das letzte Wort haben dürfen? Könnte es gar sein, dass die grosse Krise vieler Jugendlicher daher kommt, dass die *verdrängten* Väter so *verunsichernde* Spuren hinterlassen?

Zudem zeigen Frauen und Männer ihren Kindern ein sinnvolles Modell an Toleranz und Grosszügigkeit, wenn diese tagtäglich miterleben können, wie zwei Menschen ihr unterschiedliches Tun gegenseitig tolerieren. Das Ziel der Erziehung soll und muss miteinander abgesprochen werden, der Weg dorthin darf aber *unterschiedlich* gestaltet werden. Die Mutter trägt mit ihren Eigenheiten und Fähigkeiten und der Vater mit seinen Eigenheiten und Fähigkeiten dazu bei.

In der täglichen Erziehung darf und soll es Unterschiede geben. Mütter und Väter sollen das Tun des anderen akzeptieren.

Es kommt sogar vor, dass Männer von den Frauen regelrecht weggeschickt werden, mit der Begründung, sie hätten zu wenig Verständnis für ihre Kinder. Die Mütter aber ersticken oft ihre eigenen Kinder mit ihrer Mutterliebe.

Oder: Kinder schlafen in den Ehebetten, wodurch die Männer nach und nach vertrieben werden. Darum, ihr Löwenmütter: Holt die Väter zurück! Lasst wieder mehr echte Kompromisse zu. Männer müssen mit ihren spezifisch männlichen Persönlichkeiten den Kindern begegnen können. Das ist nötig und gut so. Ihr raubt sonst euren eigenen Kindern eine lebenswichtige Erfahrung und eine bereichernde Bezugsperson.

Darum, ihr Löwenväter: Kehrt zurück! Nehmt eure Aufgaben zu Hause wieder wahr! Eure Töchter und Söhne brauchen euch noch! Kneift nicht länger. Lasst euch auch nicht mehr so leicht vertreiben. Brüllt viel lieber ab und zu kräftig zurück! Eure Löwenjungen lieben euch dafür!

Mass und Abstand halten – bevor Kinder Mütter schlagen

Bei Verwöhnung lässt sich fast grafisch darstellen, wie Eltern zu nahe an ihren Kindern kleben: wie zwei Kreise, die sich förmlich überschneiden. Sie sitzen gar wie Hennen auf ihren Küken! Dann geschieht oft Folgendes: Die verwöhnten Kinder sind unzufrieden und werden aggressiv, sie ertragen diese Enge und das Zuviel an Nähe nicht mehr. Und die besorgten Eltern meinen, mit noch mehr Nähe und in Form von noch mehr Verständnis, noch mehr Fürsorge, noch mehr Seelengesprächen könnten sie ihre Kinder wieder beruhigen. Diese aber werden noch unzufriedener und brüllen bereits: «Lass mich doch endlich in Ruhe, geh weg, du blöde Kuh, du dumme Schlampe!» Die Mutter – leider sind es oft die Mütter –, noch besorgter, überhört die wegstossenden Signale, will ihr unzufriedenes Kind in die Arme nehmen, um es zu beruhigen. Und dann schlagen diese Bedrängten los, die kleinen wie die grossen Kinder. Was ist geschehen? Die Unzufriedenheit aktiviert die besorgten Mütter noch mehr: «Man kann doch ein Kind in solch einem Zustand nicht alleine lassen!»

Aber doch, es ist höchste Zeit dazu. Sowieso wäre es viel gescheiter, Kindern vor allem dann Nähe und Zuwendung zu geben, wenn sie gut drauf sind. Wenn sie quasi Ihre Nähe und Ihre Zuwendung ‹verdienen›. Und bei unzufriedenem, launischem, unfreundlichem Verhalten sollte man sie besser meiden und auf Distanz halten. Vielleicht muss man sie sogar wegschicken, aber mit der einladenden Haltung, dass sie jederzeit wieder willkommen sind, wenn sie sich einen freundlicheren Umgangston zugelegt haben.

Leider kommen Übergriffe durch Kinder und Jugendliche bei Verwöhnung noch häufig vor. Dann aber wäre es höchste Zeit, Hilfe von aussen zu holen. Nur trösten sich Eltern meistens wieder selbst darüber hinweg und verharmlosen das Verhalten ihrer Kinder mit eigenartigen Erklärungen: «Ja, sie ist halt nun in einem schwierigen Alter!» – «Und morgen hat sie noch eine Prüfung!» – «Und mit dem Kino hat es halt auch nicht geklappt!» Doch das alles ist absolut kein Grund, Mütter zu schlagen. Da ist eine natürliche Hemmschwelle weggeschmolzen. **Übergriffe vonseiten der Kinder sollten unter keinen Umständen geduldet werden, sondern müssen grundlegende Konsequenzen für beide Beteiligten haben!** Dringend ist Klärung angesagt, mit Konsequenzen für die Kinder, aber auch für die Eltern.

Wenn Eltern realisieren, dass sie zu nahe dran sind, und bewusst immer wieder auf Distanz gehen, dann ändert sich meistens auch mehr bei ihren Kindern. Diese bemühen sich wieder vermehrt, zu einem normalen Verhalten zurückzukehren. Grundsätzlich ist es besser, wenn Eltern sich immer wieder ein wenig zurücknehmen, sodass die Kinder die Nähe zu ihnen regulieren und aktivieren können. So ähnlich wie der Umgang mit Katzen: Sie selbst bestimmen, wann sie Nähe brauchen und wann nicht. Ein natürlicher Abstand zwischen Eltern und Kind ist lebenswichtig für eine gesunde Entwicklung.

«Ach, es ist so schwierig, immer wieder das richtige Mass in der Erziehung zu finden», hörte ich schon oft besorgte Eltern seufzen. Oh ja, wie Recht sie haben, es ist eine grosse Kunst im weiten Feld der Pädagogik. Und in unseren Tagen ist es noch schwieriger geworden, weil es fast keine allgemein gültigen Normen mehr gibt. Alle müssen ihr goldenes Mass selber finden. Es ist längst nicht mehr so, dass in jedem Haus ähnliche Normen gelten. Darum macht es auch Sinn, wenn junge Eltern sich immer wieder mit anderen Eltern austauschen und vergleichen, und wenn Mutter und Vater im Gespräch bleiben, einander korrigieren beim Thema Nähe und Distanz und einander ab und zu auch den Ball zuwerfen: «Bitte bring du die Kinder ins Bett, ich hab gegenwärtig Mühe mit der Distanz zu ihnen.» – «Das kommende Wochenende nehme ich die Kinder, und du kannst mal wieder ein wenig wegrutschen und etwas für dich selber tun.» **Schenkt euch Abstand zu den Kindern!**

Hilfe beanspruchen, aber Autorität nicht aus den Händen geben

Es ist eine Tatsache, dass bei Verwöhnung Kinder wie Eltern selten rechtzeitig erkennen, dass sie schon mittendrin stecken. Einerseits, weil Sie als Eltern, wie anfänglich beschrieben, vielleicht aus der eigenen Geschichte gewisse Defizite, Ängste und Verletzungen haben, die Ihre Optik ein wenig trüben, beeinflussen und verändern, und anderseits, weil diese Erziehungsverfehlungen schleichend, so heimtückisch leise daherkommen, dass sie kaum richtig wahrgenommen werden. Sie wachsen als Betroffene unbemerkt hinein. Es fehlt der Kontrast.

«Natürlich ist unser Kind gegenwärtig etwas unzufrieden und passiv, aber es ist doch ein gutes Kind. Es hat nur eine kleine Krise. Und wäre der Vater mehr zu Hause und die Lehrerin etwas nachsichtiger, wäre doch alles wieder in Ordnung ...!»

Mag sein, dass es so ist, kann aber auch sein, dass es längst unheilvolle Ausreden und Verharmlosungsversuche sind. Man verdrängt und will nicht wahrhaben. Zudem kann man Verwöhnung, wenn man sie sich noch eingestehen würde, auch nicht einfach wegzaubern. Einverstanden!

Daher ist es klüger, grundsätzlich auf der Hut zu sein: Je früher man diese Fehlentwicklung erkennt, desto leichter ist sie zu korrigieren.

Es macht durchaus Sinn, wenn bei gewissen beschriebenen Symptomen Hilfe geholt wird. Wenn mit Vertrauen erweckenden Fachpersonen offen gelegt wird, was zu Hause abgeht. Denn es ist wie mit der Feuerwehr: Wenn die Verwöhnung schon zu lange in Ihrem Haus flackert und vernichten kann, wenn zu viele Fähigkeiten Ihrer Kinder zerstört sind, dann kann es auch irgendwann einmal zu spät sein.

Doch wer sind die richtigen Feuerwehrleute (Fachpersonen)? Grundsätzlich würde ich Personen wählen, die selbst schon Erfahrungen mit Kindern und Jugendlichen gemacht haben und selbst einen gewissen ‹Erfolg› erzielt haben, das heisst, vielleicht selbst schon Kinder zur Selbständigkeit erzogen haben. Die Gefahr besteht nämlich, dass Sie zu jungen Fachpersonen in die Hände geraten und Ihr Kind erst einmal ein gefundenes Studienobjekt wird. Sehr interessant für den Psychologen, aber Sie haben immer noch keine konkrete Hilfe. Oder die junge Fachperson kann Sie zu wenig konfrontieren, weicht Ihnen aus. Es ist leider heute sehr verbreitet, dass wunderbare Erklärungen und Berichte bei Verwöhnungen abgegeben werden, aber beim konkreten Umsetzen neuer Handlungsstrategien werden dann viele Eltern allein gelassen.

Und eine weitere Gefahr besteht darin, dass Therapeuten einsteigen, die sich hauptsächlich nur Zugang zum Kind selbst verschaffen wollen. Als Eltern sind Sie vorerst entlastet, sind froh, dass jemand anderes auch noch Verantwortung übernimmt. Geteiltes Leid ist halbes Leid. Und Sie nehmen sich immer mehr zurück: «Der Herr Doktor ... oder der Psychologe ... wird schon Lösungen finden!» Gefährlich wird es mit solchen Familientherapeuten, bei denen Sie als Eltern auf der Stufe des Kindes sich rechtfertigen müssen: Er, der Fachmann, über Ihnen, auf der einen Seite Ihr schwieriges Kind und auf der anderen Seite Sie als angeklagte Eltern. Wenn möglich klagt und greift Ihr Kind noch an, und Sie werden immer mehr selber zum ‹Fall›. Keine gute Entwicklung. Sie sind daran, noch den Rest Ihrer elterlichen Autorität zu verlieren.

Darum dürfen Sie Ihre Autorität und die Verantwortung nie völlig aus den Händen geben; zwar Rat holen, diesen auch beherzigen und sofort versuchen umzusetzen, aber nie die elterliche Autorität abgeben. Sie müssen in der Zeit der Verhaltenskorrektur erst recht die Führung übernehmen und den Platz, den Ihnen die Natur geschenkt hat, wieder einnehmen: nämlich vorne! Sie haben zwar Fehler gemacht, die Sie schleunigst mit offenen Augen und Konsequenzen korrigieren sollten, aber Sie müssen in der Hierarchie der Familie oben bleiben und bärenstark Ihr Rudel anführen.

Noch etwas zu möglichen unterstützenden Therapien Ihrer Kinder: Das Ziel der Therapie und die Arbeitsmethoden sollten transparent und offen sein, kein konfuses, geheimes Gefäss, wo irgendetwas geschieht und die Hauptverantwortlichen keinen Zugang dazu haben. Gute Therapeuten können ihre Arbeit erklären und offen legen. Vor allem bei Jugendlichen ist es fraglich, wenn Sie zum Beispiel um Leistungen, Regeln und Normen kämpfen, ob es dann Sinn macht, wenn eine andere Person Ihren Jugendlichen uneingeschränktes Wohlwollen entgegenbringt, sie noch im Neinsagen bestärkt, während Sie als Eltern immer mehr zu ‹bösen› Figuren werden. Therapien müssen der Pädagogik dienen und nicht umgekehrt.

In der Hoffnung, dass es bei Ihnen noch nicht so weit ist, möchte ich hier einen zusätzlichen Rat anbringen: Falls Sie hoffnungslos überfordert mit der Erziehung Ihres Kindes sind und Sie eine

Verschnaufpause oder sogar eine längere Entlastung durch ein Internat oder ein Heim benötigen, dann ist es sinnvoll zu handeln. Denn je eher Sie eine solche Institution in Anspruch nehmen, desto besser sind dort die Professionellen in der Lage, Hilfe anzubieten. Wenn die Helfenden aber spät oder gar zu spät in Aktion treten können, dann ist es auch für sie nicht mehr möglich, Veränderungen und Verbesserungen einzuleiten.

Allein Erziehende und Patchworkfamilien

In unserer Zeit wachsen immer mehr Kinder in diesen zwei Familiensystemen auf. Daher erlaube ich mir, sie zusätzlich zu erwähnen und auf ein paar Besonderheiten hinzuweisen, in der Hoffnung, dass ich diesen Erziehenden ein wenig helfen kann, mit ihrer nicht einfachen Situation besser fertig zu werden.

Denkanstösse für allein Erziehende

Es ist keine leichte Sache, in unseren Tagen eine allein erziehende Mutter oder ein allein erziehender Vater zu sein. Viele von ihnen gehören zu den wirtschaftlich Ärmeren, müssen oft unheimlich viel leisten im Beruf und zu Hause, um überhaupt zu überleben. Zudem kämpfen sie um Anerkennung und gegen Vorurteile und Schuldgefühle.

Oft fühlen sich diese Menschen besonders allein und nicht richtig dazugehörend. Diese Umstände lassen sie sogar resignieren, und folglich fehlt es ihnen an Kräften, sich stets allein gegen all die Wünsche und Bedürfnisse ihrer Kinder zu stellen. Leicht schleicht sich dann verständlicherweise die Verwöhnung ein.

- Hilfreich kann daher sein, wenn Sie rechtzeitig immer wieder auf genügend Kontakt mit anderen Mitmenschen achten, ein offenes Haus pflegen, sich und den Kindern zuliebe, damit Sie nicht immer allein ‹zu nahe dran› sind. Zudem macht es sich bezahlt, wenn allein erziehende Mütter und Väter sich mit anderen zusammentun, um Aufwand und Freizeit besser in den Griff zu bekommen. Vor allem für die Kinder ist es ein wunderbarer Reichtum, wenn sie durch ‹Fusionen› noch zu ‹Geschwistern› oder zu anderen erwachsenen Bezugspersonen kommen und nicht vereinsamen mit ihren meistens noch extern arbeitenden Müttern und Vätern.

- Wichtig ist auch, dass Sie sich nicht anklagen lassen durch die Kinder, die Ihnen vielleicht immer wieder vorwerfen, dass ihnen halt doch jemand fehlt. Überprüfen Sie, ob Sie Ihrem Ex-Partner wirklich genügend Platz und Kompetenzen einräumen. Das heisst, dass Ihr Kind möglichst viel Zugang zum fehlenden Elternteil haben darf.

- Auch wenn Sie damals masslos enttäuscht und gekränkt wurden, könnte es doch sein, dass Ihr Partner doch nach und nach wieder ein brauchbarer Elternteil werden und wichtige Aufgaben in der Miterziehung der Kinder erfüllen könnte. Er wird zwar vieles anders machen als Sie, aber es wird nicht alles falsch sein. Überprüfen Sie daher doch nochmals, ob Sie diese Ressourcen wirklich genügend ausschöpfen oder ob Sie, aus Ihren Verletzungen heraus, Ihren eigenen Kindern nicht etwas Wertvolles vorenthalten.

- Vielleicht brauchen Sie dafür gute Absprachen und auch neutrale Unterstützung, aber dieser Aufwand würde sich lohnen. Benützen Sie dazu doch die mehrheitlich unentgeltliche Hilfe von Jugendämtern und Beratungsstellen.

- Wenn Ihre Kinder Ihnen immer wieder vorwerfen, dass andere Kinder reicher seien und viel mehr hätten ..., dann lassen Sie sich deswegen bitte nicht ins Bockshorn jagen. Denn das Weniger-Haben ist heute für die meisten Kinder eine echte Chance, nicht vom Materiellen abhängig und konsumgeil zu werden. Machen Sie sich auch keine Sorgen, Sie würden den heutigen Kindern mit ihren Forderungen nicht gerecht. Im Gegenteil: Ihre Kinder können durch Verzicht eher das richtige Mass finden, die Liebe zu Gegenständen und zu Details pflegen lernen etc.

- Weil Sie als allein Erziehende besonders viel Zeit, Kraft und Aufmerksamkeit täglich weitergeben müssen, achten Sie darauf, dass Sie ab und zu auch an sich selbst denken. Tun Sie sich täglich selbst etwas Liebes. Wenn Sie nämlich ausgebrannt sind, wird es leider kühl bei Ihnen werden.

Denkanstösse für Patchworkfamilien

Immer mehr Kinder wachsen in diesen interessanten Familiensystemen auf. Es braucht aber viel Fingerspitzengefühl, Toleranz und Goodwill, damit all die unterschiedlichen Wünsche, Bedürfnisse und Hoffnungen unter einem Dach ihren Platz finden. Diese besonderen Familienhäuser bieten aber auch eine Chance für neue Formen. Sie sind meistens weniger eng und erstickend als die herkömmlichen Kleinfamilien. Zudem können sie ein wunderbarer Reichtum sein an neuen Bezugspersonen und Übungsfeldern für Toleranz und Rücksichtnahme.

Aber auch in diesen Zweitfamilien mogelt sich gern die Verwöhnung ein: oft aus Schuldgefühlen, dass die Erstfamilie zerbrochen ist, aber auch, dass den Kindern durch diese neue Situation zu viel zugemutet werden könnte.

Vielleicht helfen Ihnen die folgenden Gedanken:

- Nehmen Sie die Möglichkeit des Neuanfangs wahr. Besprechen Sie Ihre grundsätzlichen Erziehungsziele exakt und nutzen Sie die Chance, mit einem noch ‹unbelasteten› Partner das familiäre Zusammenleben neu und klug zu regeln.

- Setzen Sie aber Ihre Erwartungen nicht zu hoch, so quasi: Nun wirds maximal. Sie und Ihr neuer Partner samt den Kindern bringen Defizite und Mankos mit. Anerkennen Sie diese rechtzeitig. Exaktes Hingucken lohnt sich.

- Beachten Sie aber auch die neuen Ressourcen, die da vereint werden. Nutzen Sie die Begabungen und dadurch mögliche Veränderungen, damit bald ein frischer Wind durchs neue Haus weht.

- Legen Sie Hausregeln und Vereinbarungen möglichst genau und unmissverständlich fest, um Unklarheiten und Verletzungen vorzubeugen.

- Klären Sie exakt, wer was wo zu sagen hat. Nun sind zwei Häuptlinge mit zwei Stämmen unter einem Zelt. Da gilt es drei Felder zu beachten: mein mitgebrachtes Feld, dein Feld und das neue gemeinsame Feld.

- Lassen Sie sich nicht ausspielen von Ihren Töchtern und Söhnen. Kinder mischeln gerne mit und nutzen die neue Situation, um selbst Vorteile zu ergattern. Jugendliche in Patchworkfamilien versuchen oft auch vermehrt wegzuschleichen und zu kneifen. Sie entziehen sich gern den gemeinsamen Vereinbarungen und Regelungen.

- Pflegen Sie Hauskonferenzen, bei denen alle zusammen immer wieder die Spielregeln festlegen und wo Unklarheiten bereinigt werden, einander aber auch viel Feedback für Leistungen und Gutes gegeben wird.

- Vermeiden Sie Rivalitäten und versuchen Sie nicht, es besser machen zu wollen als der Partner. Das ‹Normale› ist gut genug.

- Vermeiden Sie ein Anbiedern bei den Kindern Ihres Partners. Die dürfen Ihnen gegenüber etwas misstrauisch und zurückhaltend bleiben, bis sie selber auf Sie zukommen.

- Nehmen Sie Ihre Kinder nicht unnötig in Schutz vor der Kritik Ihres neuen Partners. Vielleicht sind es durchaus wertvolle Hinweise und nützliche Denkanstösse.

Konkrete Erziehungsgedanken vom Aufstehen bis zum Schlafengehen

Vielleicht kann es Ihnen, liebe Eltern, eine mögliche Hilfe sein, wenn wir miteinander einen ganz normalen Tagesablauf und die jeweils sinnvollen erzieherischen Massnahmen überdenken. Natürlich spielen Alter, Reife und Charaktere Ihrer Kinder sowie Ihre eigenen Gewohnheiten und häuslichen Umstände eine zusätzliche Rolle. Da kann es wohl Unterschiede geben. Ein paar pädagogische Grundsätze aber werden immer ihre Gültigkeit haben. Im Übrigen habe ich diese alltäglichen Normen mit etwa vierzig jungen Eltern diskutiert und erarbeitet. Die Ansätze könnten also auch für Sie tauglich sein.

Natürlich haben wir unsere Überlegungen sehr vereinfacht mit ‹erzieherisch klug› und ‹unklug und verwöhnend›.

Aufstehen: Wer beginnt den Tag?

Schon früh am Morgen kann es grosse erzieherische Unterschiede geben: Sollen die Kinder den Tag beginnen, wann und wie immer sie wollen? Oder müssen sie im Bett oder Zimmer bleiben, bis man Guten Tag sagen kommt? Natürlich sind Kinder ganz unterschiedlich veranlagt; es gibt auch bei ihnen schon Frühaufsteher, Morgenmuffel und Langschläfer. Und doch könnten Sie, liebe Eltern, rechtzeitig ein wenig mitsteuern, wie Sie es haben möchten.

Erzieherisch klug:

- Bestimmen Sie, wann in Ihrem Haus das Leben am Morgen beginnt. Schon mit Kleinkindern kann das Verweilen und Spielen in Bett und Zimmer eingeübt werden.
- Vernünftig wird es sein, wenn Ihre Kinder sich den Gewohnheiten der Erwachsenen anpassen. Unter der Woche sind die Aufstehzeiten vor Arbeits- und Schulbeginn gegeben. An Wochenenden und in den Ferienzeiten ist es nochmals anders.
- Auch das Wecken kann sehr unterschiedlich angegangen werden. Es macht Sinn, den Tag bei müden Kindern freundlich, aber bestimmt zu beginnen. Das Aufsteh-Prozedere soll in wenigen Minuten ablaufen, vielleicht gar mit Abdecken, Frische-Luft-Hereinlassen etc.

Unklug und verwöhnend:

Es ist unvernünftig und Kräfte zehrend, wenn
- Ihre Kinder je nach Lust oder Unlust immer selbst bestimmen, ob sie nun aufstehen oder liegen bleiben.
- sofort ein Ramba-Zamba losgehen darf, ohne Rücksicht auf noch müdere Mitbewohner.
- x-mal gerufen wird und x-mal schlafen Kinder munter weiter. Grosse Kinder sind dann irgendwann überhaupt nicht mehr aus den Betten zu bringen.

Natürlich spielt am Morgen auch Ihr Zustand eine grosse Rolle. Es kommt darauf an, ob Sie lebhaft oder selbst ein Morgenmuffel sind. Überprüfen Sie auch wieder einmal Ihr eigenes Auftreten.

Morgentoilette und Badezimmertango!
Der alltägliche Umgang mit der Morgentoilette kann schon über einen glücklichen oder eher unglücklichen Tagesanfang mitbestimmen. Auch da ist empfehlenswert, eine sich wiederholende

Kultur zu pflegen, damit Sie nicht jeden Morgen wieder neu diskutieren – oder noch schlimmer: das Waschen und Zähneputzen neu einführen – müssen.

Erzieherisch klug:

- Der Gang zum Badezimmer soll festgelegt sein. Sinn macht, wenn er gleich nach dem Aufstehen erfolgt.
- Was dort gemacht werden soll, muss eigentlich schon früh mit Kleinkindern eingeübt werden.
- Es sollten immer wieder die gleichen Forderungen sein. Darum ist ab und zu Kontrolle unumgänglich.

Unklug und verwöhnend:

- Wenn Kinder erst einmal spielen gehen dürfen oder zuerst das Morgenessen einnehmen.
- Wenn es jedes Mal anders gehandhabt werden darf.
- Wenn Kinder die Badezimmertüre verriegeln und dadurch das Ansprechen umgehen.

Kleiderwahl

Auch bei diesem Thema kann es Pulverdampf und Tumult geben, wenn Sie nicht eine Nasenlänge voraus sind. Es macht in jeder Familie Sinn, grundsätzlich zu überlegen, wer das letzte Wort hat beim Erscheinungsbild.

Erzieherisch klug:

- Es ist sinnvoll, dass Sie bei kleinen Kindern und bis hin zu Ihren Jugendlichen bei der Kleiderfrage und dem Erscheinungsbild noch mitreden können.
- Natürlich wird dies viele Diskussionen, Streitereien und mühsame Situationen auslösen, aber das ist Erziehung und gibt

Ihren Sprösslingen die Chance, sich zu definieren und mit Ihnen zu reiben.

- Aber es ist auch vernünftig, dass Sie ab und zu Erfahrungen in unmöglichen Kleiderzusammenstellungen gewähren lassen, damit Ihre Kinder ‹draussen› provozieren oder sich blamieren können.
- Wenn Ihre Kids nämlich Kritik von draussen erhalten, ist sie oft bedeutend wirksamer als Ihre prophylaktische.
- Wenn es bei der Kleidung aber gar um die Gesundheit geht – bauchnabelfrei im Tiefwinter –, dann setzen Sie sich durch, bevor Sie mit Krankenpflege alles selbst ausbaden müssen.
- Geben Sie genügend Zeit, das Ankleiden zu üben, damit nicht jedes Mal ein Stresspunkt entsteht.

Unklug und verwöhnend:

- Wenn Sie es den Kindern zu früh überlassen, wie sie sich kleiden und es Sie nichts mehr angehen darf.
- Wenn Sie sich vor den Diskussionen ums Erscheinungsbild drücken, aber innerlich grün und blau ärgern oder gar schämen.
- Wenn Ihre Kinder sich allzu unvernünftig kleiden und Sie dauernd Patienten zu Hause haben ...
- Wenn Ihre Kinder einen riesigen Kleiderverschleiss haben und Kosten verursachen, die Ihr Budget zu sehr belasten. Aber auch bei guten finanziellen Verhältnissen ist es unklug, wenn der Kleiderkonsum grenzenlos ist.
- Wenn Sie jeden Morgen ein unmögliches Gebrüll im Haus haben, wegen Zeitmangel, Vergesslichkeit, schlechter Laune, Müdigkeit, und Sie kein Machtwort sprechen.

Frühstücken

Wie friedlich und eingebettet das Morgenessen gestaltet wird, kann für die Launen der Familienmitglieder entscheidend sein. Es soll eher ein friedlicher Ort sein, wo die jüngeren und älteren Seelen langsam in den Tag hineinrutschen, sich stärken und wachtrinken, damit der Tag gut beginnen kann.

Erzieherisch klug:

- Essen Sie wenn möglich das Frühstück gemeinsam.
- Machen Sie es zur Gewohnheit, dass alle Familienmitglieder etwas zu sich nehmen, denn Frühstücken ist gesund.
- Pflegen Sie ein Ritual, in dem sich möglichst alle wohl fühlen können.
- Wenn Sie alle zusammen Morgenmuffel sind, dann sind Gespräche eher zu vermeiden, vielleicht können Zeitungen oder Radio dann einen Teil der Konversation ersetzen ...

Unklug und verwöhnend:

- Wenn jeder aus dem Kühlschrank frisst, wann immer es ihm passt.
- Wenn mühsam Gespräche angezettelt werden, die aber nichts fruchten, weil noch nicht alle wach genug dafür sind.
- Wenn einander lieblos die Gipfeli oder die Eier weggeschnappt werden, so nach dem Motto: Die Letzten beissen die Hunde.

Sturm- und kinderfreie Zeit

Wenn Sie, liebe Mütter oder Väter, selbst zu Hause sind, nützen Sie die Zeit nach dem Weggehen der Kinder möglichst für die eigene Erholung und die eigenen Bedürfnisse. Machen Sie die Hausarbeit, wenn die Kinder anwesend sind, damit Sie nicht immer subito von den Kindern zu ‹gebrauchen› sind. Nützen Sie die sturmfreie Zeit für Besonderes, vorwiegend für sich selbst und um sich ein bisschen zu verwöhnen ...

Heimkehr und Mittagszeit

Das ist eine sehr anspruchsvolle Zeit, weil nun in einer lebhaften Familie unterschiedliche Bedürfnisse zusammenprallen, aber zugleich noch alle gefüttert werden wollen. Es ist eine grosse Kunst, friedliche Mittagszeiten zu gestalten, sich nicht stressen zu lassen und alle hungrigen Mägen und Seelen zu speisen.

Erzieherisch klug:

- Wenn das Mittagessen liebevoll eingebettet ist in Normen und Rituale. Wenn zum Beispiel gemeinsam begonnen wird mit dem Essen (vielleicht mit einem guten Wort, Tischgebet oder einem Lied).
- Wenn eingeübt wird, dass man das Essen auch gut finden kann und Sie sogar ein Lob ertragen könnten.
- Wenn die Mittagszeit so eingeteilt wird, dass es keinen unnötigen Stress gibt.

Nehmen Sie sich immer ein wenig Zeit, um bei der Rückkehr der Kinder ein paar Minuten exakt hinzusehen, ein offenes Ohr zu haben oder wenn nötig auch eine Korrektur oder Kritik anzubringen etc.

In der Mittagszeit ist es auch sinnvoll, wenn Kindern und Jugendlichen regelmässig ein paar Handreichungen abverlangt werden (Tisch decken, abräumen, Getränke holen etc.).

Unklug und verwöhnend:

- Wenn Sie dermassen emsig hantieren, dass Sie keine Sekunde Zeit für das Anhören von kurzen Erzählungen oder Klagen haben.
- Wenn einfach drauflos gefressen wird. Ohne Ritual. Ohne ein familiäres Miteinander. Essenszeiten sind nicht nur für

die Mägen da, sondern auch wichtige Zeiten für die Seele. Auch Seelen wollen und müssen gefüttert werden.

- Wenn Kinder total als ‹Gäste› bedient werden und Hotel Mama sich wie ein Fünfsternehotel anbietet.
- Wenn in diesen Mittagszeiten stets ein fürchterlicher Stress und Zeitdruck herrschen: zum Beispiel immer zu spät gegessen wird, immer wieder zu spät aufgebrochen wird etc.
- Wenn gar über Mittag Video und Fernsehen konsumiert werden.

Rückkehr, Zvieri und Freizeit

Je nach Kindesalter sind diese Zeiten sehr unterschiedlich. Natürlich spielen auch die regionalen Verhältnisse eine Rolle, ob Tagesschulen, Blockzeiten oder sehr unregelmässige Schulzeiten üblich sind. Auch die Jahreszeiten prägen mit.

Erzieherisch klug:

- Wenn Kinder und Jugendliche angehalten werden, nach Kindergarten, Schule oder sonstigen Ausbildungen sofort nach Hause zurückzukehren. Natürlich ist wünschenswert, dass dann mehrheitlich zu Hause auch jemand Erwachsener anwesend ist. Ansonsten muss diese Zwischenzeit gut mit den Kindern vorbereitet und abgesprochen sein.
- Kindermägen möchten am späten Nachmittag ein bisschen gefüttert werden. Wie, wo und wann, ob draussen oder drinnen, sollte wie ein Ritual gehandhabt werden und klar sein.
- Danach ist es sinnvoll, wenn die Hausaufgaben oder andere Pflichten erledigt werden. Natürlich kann bei älteren Kindern die Freizeit vorgezogen werden und die Aufgaben werden erst nach dem Abendessen gemacht. Aber das alte Motto ‹Zuerst die Arbeit und dann das Vergnügen› ist für kleine wie grosse Kinder immer noch eine kluge Regel.

- Zu beachten wäre auch, dass passive *und* lebendige Kinder diese Zeit vor dem Abendessen noch mit frischer Luft und Bewegung ausfüllen und nicht schon wieder mit Sitzen, Liegen und Konsumieren.

Unklug und verwöhnend:

- Wenn unklar oder gar nicht geregelt wird, was in dieser Zeit zwischen Schule und Abendessen geschehen soll. Wenn Kinder stundenlang herumhängen oder sich stets vor den Flimmerkisten niederlassen und höchstens für Nachschub von Popcorn wieder mal aufstehen.
- Wenn unklar ist, wann und wie noch die Hausaufgaben zu machen sind oder jeden Abend ein mühsamer Mach-es-doch-jetzt-Tanz entsteht.
- Wenn sofort nach der Schule der nächste Kiosk oder der voll gestopfte Kühlschrank den Hunger übertrieben stillt, sodass ein Abendessen nicht mehr gewünscht wird.

Abendessen
Wenn die Eltern berufstätig sind oder bei ihnen Tagesschulen üblich sind, dann ist ein gemeinsames Abendessen eine wichtige alltägliche Aktion: die Zeit des Miteinanders, um am Puls Ihrer Kinder zu sein. Wenn es Ihnen gelingt, gar alle am Tisch zu haben, dann ist das eine wertvolle Familienpflege.

Erzieherisch klug:

- Plagen Sie sich nicht mit zu aufwändigen Abendessen. Achten Sie vielmehr darauf, dass Sie genügend Zeit und Energie für das Zuhören und altersgemässe Diskussionen haben.
- Achten Sie auch auf Gemütlichkeit, Licht und Wärme. Wenn es heimelig und einladend ist, dann öffnen sich Kinderseelen eher und Sie wissen, was extern läuft oder eben nicht läuft.

- Verlangen Sie auch die Mithilfe der Kinder und Jugendlichen. Ein Ämtliplan ist hilfreich und erspart mühsame tägliche Aufforderungen.
- Nützen Sie auch das Abendessen, um noch Unklares zu regeln, Feedback zu geben und wenn nötig auch eine Auseinandersetzung mit Ihrem Nachwuchs zu führen.

Unklug und verwöhnend:

- Wenn Sie allein einen riesigen Aufwand betreiben und Ihre Kids nicht mithelfen.
- Wenn das Abendessen nicht mehr miteinander eingenommen wird, weil Programme angesagt sind oder bereits jeder macht und frisst, was er will.
- Wenn Sie sich drücken vor Klärungen und Auseinandersetzungen mit den Kindern.

Abendzeit und Zubettgehen

In dieser Zeit können Sie alles wieder gutmachen oder noch korrigieren, was Ihnen am Tag in der Erziehung vielleicht missglückt ist. Wenn Sie zu wenig Zeit für Ihre Kinder hatten, dann können Sie es jetzt nachholen. Oder wenn ein Kind etwas nicht erfüllt hat, Sie verärgert und verletzt hat, dann ist es nun Zeit für eine Wiedergutmachungs-Handlung.

Erzieherisch klug:

- Nutzen Sie den Rest des Tages, um Unerledigtes der Kinder in Ordnung zu bringen.
- Lassen Sie sich nicht stressen durch ein überfülltes Abendprogramm.
- Lassen Sie die Kinder nicht jeden Abend noch stundenlang vor der Glotze hocken. Regeln Sie vorzeitig, wer noch was sehen darf.

- Denken Sie rechtzeitig an die Nachtruhe. Viele Kinder lieben es, wenn sie den Tag gemütlich ausklingen lassen können. Nur müssen sie dann auch rechtzeitig damit beginnen.
- Bestimmen Sie bei kleinen und grossen Kindern, wann das Ins-Bett-Gehen und wann das Lichterlöschen stattfindet.
- Pflegen Sie möglichst lange ein kleines Ritual des Gute-Nacht-Wünschens. Bei kleinen Kindern ist ein Abendgebet, ein Abendlied oder eine passende Gute-Nacht-Geschichte etwas sehr Wertvolles und Wunderschönes. Leicht können Sie mit gezielten Geschichten sogar Botschaften an die Kinder weitergeben, die Ihnen tagsüber weniger gelingen: zum Beispiel Inhalte, die Soziales und Rücksichtsvolles erzählen, oder Inhalte, die Kinderseelen beruhigen oder ihnen gar Lösungen aufzeigen ... und warum Eltern ab und zu fordernd und konsequent sein müssen!
- Die Abendzeit kann mit wunderbaren Augenblicken der Gefühle, des Verstehens und der Berührungen erfüllt sein.

Unklug und verwöhnend:

- Wenn die Kinder Unerledigtes nicht erledigen müssen. Wenn sie immer alles auf den nächsten Morgen verschieben und Ausreden dauernd akzeptiert werden.
- Wenn Sie selbst jeden Abend gestresst und schlechter Laune sind, sodass die Kinder einen grossen Bogen um Sie machen.
- Wenn jeden Abend alle noch stundenlang vor der Glotze hocken und Nüssli mampfen.
- Wenn die Kinder selbst bestimmen, wann sie müde oder eben scheinbar nicht müde sind, und je nach Lust oder Unlust Feierabend machen.
- Wenn jeden Abend diskutiert wird, ob es nun Ruhe im Haus geben soll oder nicht.

- Wenn Sie sich vor einem Abendritual drücken, einander nicht mehr richtig verabschieden oder wenn Sie gar alle gleichgültig in die Zimmer wegschleichen.

Und wenn dann die Kinder rechtzeitig im Bett sind, ja, dann wäre vielleicht auch noch ein bisschen Zeit für die Partnerschaftspflege möglich.

Wer weiss, ein kurzes Seelengespräch oder Zeit für die Lust und die Liebe!

Ablösung muss sein!

Eigentlich herrscht ein hartes Naturgesetz auf dieser Erde: Eltern schenken ihre beste Lebenszeit ihren Kindern, umhegen und pflegen diese herzhaft, lieben sie innig, und bald müssen sie ihre Liebsten in die grobe Welt hinausgeben, in eine eher lieblose Welt voller Fallen, Gefahren und Absturzmöglichkeiten. Verständlich, dass immer wieder Eltern versuchen, ihre Kinder möglichst klein, hilflos und bei sich zu behalten: Wir bleiben zusammen, und die böse Welt draussen kann warten.

Beim Thema Ablösung spielt das gegenwärtige System der Kleinfamilie eine grosse Rolle. Früher, bei mehreren Kindern und bei den oft um ihre Existenz kämpfenden Familien, war man froh, wenn die Kinder bald selbständig wurden und ein hungriger Mund weniger am Tisch sass. Nach und nach gingen die Kinder ihre eigenen Wege, und die Eltern hatten viel Zeit, um sie alle loszulassen und sich an die Veränderungen zu gewöhnen. Meistens blieb dann noch ein Kind auf dem Hof zurück, und so waren die Eltern nie ganz allein.

In der heutigen Kleinfamilie ist alles anders: Wenn bei einem oder zwei Kindern die Ablösung beginnt, gibt es sofort sehr viel Unruhe in die kleine Welt. Dann verlässt nämlich ein riesiger Prozent-

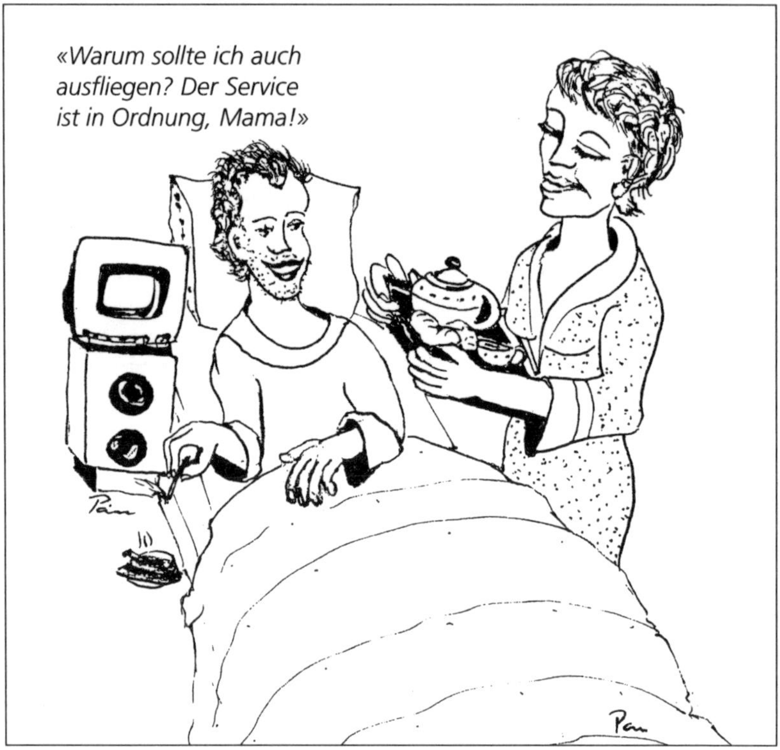

satz das Familiensystem. Schmerzhaft, wenn in der Pubertät die Kinder beginnen, sich mehr nach draussen zu orientieren, wenn sie es vorziehen, die Freizeit mit Freunden statt in der Familie zu verbringen, wenn zu Hause nur noch gefüttert und geschlafen wird. Doch diese Veränderungen und dieses ‹Orientieren nach draussen› müssen sein. Sie weisen auf eine gesunde Entwicklung und eine sich anbahnende Selbständigkeit der Heranwachsenden hin.

Khalil Gibran sagt in seinem Büchlein ‹Der Prophet› treffend zu den Eltern: «Ihr seid nur die Bogen, mit denen eure Kinder wie

Pfeile in die Welt gesandt werden.» Wenn diese weise Metapher stimmt, dann müssen Sie, liebe Eltern, sich aber auch wie Bogen benehmen und bereit sein, Ihre Kinder gezielt und bewusst in die Welt abzustossen. Dann dürfen Sie sich nicht so benehmen, als wollten Sie gar selber Pfeile sein oder sich vor dem Bogenspannen drücken.

Wann aber beginnt eigentlich diese Ablösung der Kinder? Etwas überspitzt ausgedrückt: schon mit der Geburt. Dann müssen Mütter sie schmerzhaft das erste Mal loslassen. In kleinen Schritten, mit dem stetigen Lernen, geht dann das natürliche Loslassen weiter. Erziehung ist das Begleiten zur Selbständigkeit. Erziehen ist nicht ein Bewahren oder gar Aufbewahren!

Gegenwärtig wird oft mit merkwürdiger, ungesunder Verschiebung der Schwerpunkte abgelöst. Im Konsumverhalten wird den Kindern unheimlich viel zugemutet: Immer früher dürfen Dinge konsumiert werden. Film-Altersgrenzen werden nach unten korrigiert. Eingekleidet werden Töchter und Söhne wie Erwachsene. Auch die Freizeitgestaltung der Kinder wird immer mehr den Erwachsenen nachgeäfft. **In den echten Fragen der Selbständigkeit aber werden Kinder zurückgehalten und kaum mit Themen der Existenz und der Selbstverantwortung konfrontiert.** In Italien bleiben die Söhne bald bis zum dreissigsten Lebensjahr im Hotel Mama. Aber auch bei uns bleibt eine grosse Zahl von Töchtern und Söhnen bequem lange im Hause oder am Konto der Eltern hängen. Warum sollten sie auch ausfliegen, wenn der Service so gut funktioniert?

Zudem schleichen sich heute noch mehr Pannen in den natürlichen Prozess einer normalen Ablösung der Jugendlichen ein. Durch das Alles-Verstehen und Anbiedern an die Jugend können sich die Jugendlichen nur mühsam abstossen. Sie wissen bald nicht mehr, wie provozieren, und grenzen sich kaum mehr durch ihr junges Anderssein von der früheren Generation ab. Egal, was sie tun, es wird alles ‹verstanden›. Die Zeiten sind vorbei, wo die Jugendlichen mit zu langen oder zu kurzen Haaren, unmöglichen Klamotten, lautstarker Musik die Eltern so provozieren konnten, dass sie deswegen aus den Häusern katapultiert wurden. Heute kommt es mir oft vor, als klebten alle wie Kaugummi aneinander. Und wie will sich ein Kaugummi von einem andern Kaugummi losreissen?

«Wissen Sie, meine Mami ist meine beste Freundin! Wir haben es so lässig zusammen!», sagte mir kürzlich eine jugendliche Tochter. Schön und gut! Von einer guten Freundin muss man sich ja auch nicht trennen. Trotzdem ist es eine Mogelpackung, mit viel Selbstzweck auf beiden Seiten, die ein Aufbauen eines altersgemässen Beziehungsnetzes verhindert und sich all den Reibereien zu wenig stellt. Zu Hause ist es doch so bequem und eingespielt: Mama, nun die beste Freundin, verwöhnt und dient weiter! **Wenn wunderts, dass es heute viele Kinder gibt, die gar nicht erwachsen werden wollen.** Zu verlockend ist es doch, all das Angenehme wie Erwachsene zu konsumieren, aber die Leistungen des Erwachsenseins nicht zu leisten? Nur, diese Töchter und Söhne verpassen das Spiel vom richtigen Nehmen und Geben. Diese Königskinder werden in einer späteren Partnerschaft total überfordert sein.

Führt nicht auch das Rundum-immer-verstanden-und akzeptiert-Werden dazu, dass viele Jugendliche, um sich abzugrenzen, ablösen und ausbrechen zu können, sich immer weiter ‹hinauslehnen› müssen? Immer auf der Suche nach verrückteren Grenzerfahrungen durch extreme Sportarten, Psychohorror oder gefährlichen Drogenmix?

Nicht mit Festhalten, sondern mit rechtzeitigem Loslassen beweist man Elternliebe.

Beispiele, die zum Handeln ermutigen

Viele Eltern nehmen wahr, dass sie in eine Verwöhnungsfalle geraten sind. Aus unterschiedlichen Gründen handeln sie aber nicht. Die folgenden Geschichten sollen Mut machen, die Verwöhnung wieder zu vertreiben. Natürlich sind bei den umschriebenen Fällen die Verwöhnungserscheinungen noch nicht so happig, darum waren teils auch rasche Erfolge zu erzielen. Aber bei Ihnen wird es ja hoffentlich auch noch nicht so schlimm sein, oder?

Und wenn ich dadurch die Liebe meines Sohnes verliere?

Martin Müller war sich bewusst, dass sein Sohn Ralf ihn nach der Scheidung sehr vermisste. Ralf war ein Einzelkind und war auch schon vor der Scheidung von beiden Elternteilen sehr verwöhnt worden. Er war ziemlich fordernd und bestimmend, dann wieder sehr kleinkindlich und ängstlich. Nun stand sein Vater vor der Entscheidung, ob er mit seiner neuen Partnerin zusammenziehen sollte, obschon sein elfjähriger Sohn ihm gedroht hatte: «Papa, wenn du das machst, komme ich nie, nie mehr zu dir!»

Nach einem sorgfältigen Gespräch forderte ich den Vater auf, nicht auf die Drohung seines Sohnes einzugehen. Im Gegenteil, er solle den Neuanfang wagen und etwas konsequenter den Verwöhnungsauffälligkeiten seines Sohnes die Stirn bieten. Mit der neuen Lebenspartnerin besprachen wir die künftigen erzieherischen Normen und Absichten. Wie abgemacht besprach der Vater mit Ralf die erzieherischen Veränderungen und lud ihn herzlich ein, bald in sein neues Zuhause zu kommen.

Schon am ersten Wochenende meldete sich Sohn Ralf und kam mit einer liebevollen Zeichnung und einer neugierigen Haltung in der neuen Wohnung an ... Beeindruckend erzählte später Vater Müller, wie selbstverständlich Ralf die strengeren Forderungen akzeptiert habe. Nur zwei-, dreimal habe es Rückfälle gegeben. Sogar seine Exfrau, die Mutter, spürte die Konsequenzen auf der anderen Seite und bot Hand für übereinstimmende Forderungen und Normen. Innerhalb eines halben Jahres war Ralf weniger fordernd, wurde ruhiger, mutiger und eckte auch viel weniger an in der Schule und im Freundeskreis.

Deal: Anstand gegen Spiele

Frau Keller, die Mutter der 12-jährigen Anna, war ziemlich erschöpft, als sie in der ersten Sitzung berichtete, sie habe ihre Tochter ziemlich verwöhnt, nun sei sie masslos fordernd und frech, auch mit dem Stiefvater. Am meisten verletzten sie aber die groben Ausdrücke wie: du Schlampe, du Hure etc. Oft würde die Tochter gar handgreiflich gegen sie.

In einem zweiten Gespräch, an dem Anna auch anwesend war, erzählte sie stockend, dass ihr die Grobheiten später jeweils schon Leid täten ... Ob sie mitmachen würde, wenn wir diese schlimmen Ausbrüche weghaben wollten, fragte ich die Tochter. Anna nickte.

Wir vereinbarten mit Anna, dass sie bei künftigen Ausbrüchen jeweils zwei Stunden eine Wiedergutmachungsarbeit leisten müsse wie Fenster reinigen etc. Auf die Frage, was sie sich von der Mutter wünsche, wenn sie sich eine Woche lang freundlich zeige und lerne sich zu beherrschen, antwortete diese verwöhnte Tochter überraschend: «Dann wünsche ich, dass meine Mutter mit mir jeweils spielen würde!» Wunderbar, die Mutter stimmte zu, und die beiden einfachen Regelungen brachten die Übergriffe von Anna zum Stoppen. Anna musste in den kommenden 12 Monaten nur dreimal eine Wiedergutmachungsarbeit entrichten. Die Teilzeit arbeitende Mutter aber musste 49-mal in dieser Zeit mit ihrer Tochter ‹Mensch ärgere dich nicht› spielen.

Er wollte es einfach wissen

Eine ältere, erfahrene Lehrerin, die erst kürzlich geheiratet hatte, erzählte mir diese hoffnungsvolle Geschichte: Sie habe viele Jahre gerne Unterricht erteilt, ohne je handgreiflich zu werden. Nur einmal sei es einfach nötig gewesen. Sie habe einen lebhaften, aber schrecklich verwöhnten und sehr bequemen Knaben in der Klasse gehabt: Felix, einen richtigen kleinen Tyrannen. Immer habe er andere Kinder für seine Dienste eingestellt, habe stets bestimmen wollen und sei ungemein ich-bezogen gewesen. Zudem sei er noch aus reichem Hause und habe über ein überdurchschnittliches Taschengeld verfügt.

Als sie eines Nachmittags mit vielen unterschiedlichen Materialien werkten und alle Kinder anschliessend mit Aufräumen beschäftigt gewesen seien, sei Felix bereits am Comic-Heftchen-Lesen gewesen, während ein anderer Bub für ihn aufgeräumt habe. Das habe sie so erzürnt, dass sie den lesenden Buben gepackt und am Ohr durch das ganze Schulzimmer gezogen und immer wieder gebrüllt habe: «So nicht, Bürschchen!»

Es seien dann noch ein paar kräftige Interventionen nötig gewesen, aber nach und nach habe sich Felix eingeordnet und begonnen, fleissiger zu werden.

Schmunzelnd erzählte sie dann: «Und Felix war übrigens der einzige Schüler, der an meiner Hochzeit teilnahm ...!»

Den Stab weitergeben

Frau und Herr Leemann haben zwei Söhne, elf und vierzehn Jahre alt. Die Mutter, eine weiche, fürsorgliche Frau, war oft allein mit den Buben gewesen, weil ihr Mann in seinem anspruchsvollen Managementberuf oft unterwegs war. Sie meinte, dass sie vielleicht auch wegen dieser nicht ganz idealen Familiensituation ihre beiden Buben etwas verwöhnt hätten. Nun seien sie sehr bequem, würden in der Schule weniger leisten, als sie könnten, und hätten unmögliche Umgangsformen. Sie sei erschöpft und komme immer zwischen die Fronten: Auf der einen Seite die Söhne, die nicht mehr auf sie hörten, und auf der anderen Seite ihr Mann mit Tipps und vielen Vorwürfen.

Glücklicherweise erfuhr ich beim Gespräch, dass der Mann einen Teil seines Jobs abgegeben habe und nun auch wieder mehr anwesend sei und fast regelmässig Feierabend bekomme.

Ich machte folgenden Vorschlag: «Wie wäre es, wenn Sie, Frau Leemann, die Erziehung der Söhne sofort dem Vater übergeben würden, nachdem Sie jahrelang liebevolle und wertvolle Erziehung geleistet haben? Und Sie, noch unverbrauchter Vater, würden, statt weitere Tipps und Vorwürfe zu erteilen, die Erziehung selbst übernehmen, was übrigens früher in Ihrer keltischen Heimat durchaus üblich war?»

Es gab eine längere Denkpause, dann sagte die Mutter: «Doch, ich stimme zu! Aber vorerst musst du meine Erziehungsarbeit wirklich anerkennen.» Der Vater stimmte mit offenen, ehrlichen und anerkennenden Worten ebenfalls zu. Dann besprachen wir, wie der Wechsel im Alltag aussehen könnte und dass sie miteinander diese Veränderungen den Söhnen klarmachen sollten.

Herr Leemann würde ab sofort mit den Söhnen verhandeln, Forderungen stellen und Grenzen setzen.

Wir vereinbarten, dass wir dieses ‹pädagogische Experiment› regelmässig einmal monatlich besprechen würden, um allfällige Probleme und Änderungen rechtzeitig anzugehen.

Erstaunlicherweise konnte Frau Leemann sich recht gut zurücknehmen, suchte sich eine kleine externe Tätigkeit, und der Vater legte sich so ins Zeug, dass die Buben sich öfters nach dem ‹Ferienlager der Mutter› zurücksehnten.

Bereits nach einigen Wochen zeigten sich bei den Heranwachsenden erfreuliche Veränderungen in der Schule und im Elternhaus. Auch die Partnerschaft, die ziemlich unter den Vorwürfen des Vaters und der Müdigkeit der Mutter gelitten hatte, erwachte wieder zu mehr Herzlichkeit und neuem Miteinander. «Zwei Fliegen auf einen Streich», meinte Herr Leemann lachend an einer späteren Sitzung.

«Die ist nicht mehr auszuhalten!»

Die Mutter, eine attraktive Spanierin und begabte Malerin, kam erschöpft in die Erziehungsberatung und erzählte, dass sie mit ihrer temperamentvollen 17-jährigen Tochter ganz schlimme Auseinandersetzungen habe. Es gebe richtige handgreifliche ‹Kriege› zwischen ihnen. Schlimm sei vor allem, dass sie selbst die Tochter verwöhnt habe. Einerseits hätten sie einfach einen zu hohen Lebensstandard und anderseits sei sie oft zu kraftlos und depressiv für eine konsequente Erziehung gewesen. Ihr Mann sei beruflich viel unterwegs, und wenn er jeweils wieder einmal zu Hause sei, wolle er natürlich nicht den strengen Vater spielen, was sie ja eigentlich auch verstehen könne.

Ich wollte sofort Mutter und Tochter für ein gemeinsames Gespräch einladen, doch dann wünschte die Tochter in einem telefonischen Anruf, dass sie zuerst allein zu mir kommen dürfe, sonst sei es nicht fair, die Mutter habe mir sicher viel zu viel erzählt. Ich stimmte zu, und bald kam eine gross gewachsene, etwas verunsicherte Tochter.

Sie begann zu weinen und erzählte, wie die Mutter viel zu viel auf sie einschwatze, ihr viel zu nahe komme, und auch wenn sie jeweils in ihr Zimmer flüchte, folge die erregte und ‹verrückte› Mutter ihr noch nach. Dann habe sie schon mehrmals gebrüllt, sie solle doch rausgehen, aber die Mutter versuche jeweils, sie wie ein kleines Kind anzusprechen und sie gar zu streicheln. Das ertrage sie einfach nicht mehr, und dann schlage sie halt jeweils zu. Ob ich wisse, dass ihre Mutter auch depressive Erkrankungen gehabt habe. Dann habe sie jeweils tagelang kaum gesprochen, es sei schlimm gewesen mit ihr.

Als ich die junge Frau fragte, ob sie bereit wäre aufzuschreiben, wie sie dann künftig von der Mutter behandelt werden möchte, stimmte sie sofort zu.

Ich forderte die Mutter am Telefon auf, auch aufzuschreiben, wie sie behandelt werden möchte, und bat dann beide, mit den Wünschen zu mir zu kommen.

Tochter und Mutter kamen mit sorgfältig aufgeschriebenen Wunschlisten. Ich bat zuerst die Tochter, ihre Wünsche und Forderungen vorzulesen. Die Mutter war erstaunt über die praktischen und realen Wünsche und versprach, diesen nachzugehen. Dann las die Mutter ihre Wünsche und Forderungen vor, und auch die Tochter konnte bis auf zwei Wünsche zustimmen. Die beiden Wünsche konnten wir abändern, zu einem erträglichen Kompromiss für Mutter und Tochter.

Wir vereinbarten, dass gegenseitig sofort versucht werden sollte, den Wünschen des anderen nachzukommen, und versprachen, uns in drei Wochen wieder zu sehen.

Nach drei Wochen kamen zu mir zwei übermütige und lachende Frauen, die schon zu Beginn erklärten: «Eigentlich wären wir für das jetzige Beratungsgeld lieber ‹lädele› und Kaffee trinken gegangen!» Es gehe ihnen nämlich erstaunlich gut, sie seien gegenseitig viel friedlicher und rücksichtsvoller geworden und würden mich in Zukunft nicht mehr brauchen ...!

Wie man sich im Leben einen Sitzplatz verschafft

Stefanli hat eine leichte Behinderung. Wohl deshalb haben seine Eltern ihren Erstgeborenen etwas verwöhnt. Beide Eltern haben zudem sehr hohe humanistische Ansprüche und sich fest vorgenommen, ihr Kind nie zu strafen oder gar zu ‹züchtigen›. Nun fordert aber ihr kleiner sechsjähriger Sohn sie fast täglich heraus und daher suchen mich die erschöpften Eltern auf. Mit einem offenen Gespräch kann ich sie überzeugen, dass Kinder nicht nur kleine Himmelsgeschöpfe sind, sondern ab und zu auch kleine Wölfe, die Grenzen und Konsequenzen nötig haben.

Beide Partner sind einverstanden, dass sie konsequenter werden wollen, und so besprechen wir sorgfältig die neuen Hausregeln. Der Vater ist sogar bereit, mit väterlicher Liebe handfest zuzupacken, wenn der kleine Häuptling es nochmals darauf ankommen lassen will.

Abschliessend erzählen die sympathischen Eltern noch folgende Leidensgeschichte, die wunderbar aufzeigt, wie erfolgreich diese listigen Himmelskinder mit ihrem fordernden Verhalten sein können: Die Familie Stefanli machte einen Sonntagsausflug, und abschliessend wollten sie alle mit dem Postauto zurückfahren. Klein Stefanli stieg ein, fand keinen freien Platz und begann fürchterlich zu schreien. Die Eltern versuchten, ihn zu beruhigen – vergebens. Hinten im Postauto sassen ein paar alte Grossväter, die nur den Kopf schüttelten, bis einer dann ziemlich laut meinte: «Dem kleinen Schreihals gehören doch ein paar hinter die Ohren!» Der gewaltfreie Vater packte ziemlich entnervt seinen Sohn und streckte ihn dem motzenden Opa hin: «Hier – Sie können ihn haben!» Der Opa nahm ziemlich verlegen den kleinen, schreienden Buben auf seine Knie. Blitzartig verstummte Klein Stefanli, denn er hatte ja nun einen wunderbaren Sitzplatz bekommen ...! Bald wieherte das ganze Postauto vor Vergnügen.

Schlussworte

Nun haben Sie mir aber lange genug Ihre Aufmerksamkeit geschenkt. Herzlichen Dank! Sie sind übrigens nicht verwöhnt, sonst hätten Sie nicht so lange ausgehalten.

Natürlich kommt nun bei Ihnen noch das Umsetzen in Handlungen, vorausgesetzt, einige meiner Argumente haben Sie ein bisschen überzeugt! Und weil ich selbst weiss, wie schwierig es ist, Wissen in die Tat umzusetzen – oder gar ein wenig das eigene Verhalten zu ändern –, versuche ich abschliessend, meine Denkanstösse mit ein paar anderen klugen Worten zu unterstreichen. Dank dieser Verstärkung werden Sie vielleicht Ihre Kinder nun weniger verwöhnen und dafür wieder konsequenter sein, damit Ihre Lieben bärenstark werden für all die Anforderungen von morgen.

«Eine weit verbreitete Erscheinung unserer Tage ist die ‹nervöse› Übererregbarkeit, die der Reizüberflutung zugeschrieben wird, deren wichtigere Ursache aber der Reizhunger zu sein pflegt. Ungeduld ist kein Anlagemangel, sondern eine Unerzogenheit.»

Paul Moor (1971!)

«Verwöhnung entlarvt sich als Todfeind einer tragfähigen Investition in die Zukunft. Schwäche, Kraftlosigkeit und eine permanente Mutlosigkeit sind die Folgen.» *Albert Wunsch*

«Nur die Wohlstandsgesellschaft kann sich leisten, ‹Kindheit zu zelebrieren›. Wenn ich das Kind verwöhne, kann niemand sagen, ich hätte mein Kind nicht gern. Und vor allem: Nicht am Kind müssen wir ansetzen, sondern an uns selbst.» *Ulrike Zöllner*

«Kinder lösen verwöhnendes Verhalten eher aus, als dass sie die eigentliche Ursache dafür sind. Verwöhnung ist ein Verhalten der Erziehenden.»

Jürg Frick

«Ohne frühzeitig gesetzte Grenzen wird ein zukünftiger Erwachsener keine eigene Frustrationstoleranz – die Fähigkeit, mit Grenzen und Fehlschlägen umzugehen – entwickeln können.»

Andrea Braun

«Die Ausbreitung der Subito-Bedürfnisgier in weitere Bereiche des Lebens hat nichts anderes zum Ziel als Frustrationsvermeidung durch Verwirklichung infantiler Wünsche.» *Eva Zeltner*

«Kinder wollen etwas leisten, sie wollen herausgefordert werden, damit sie ihre Kräfte entwickeln und sich in dieser komplizierten Welt orientieren können.» *Peter Struck*

«Kinder brauchen Freiheit und Grenzen. Sie sollen sowohl den Augenblick geniessen und auskosten als auch auf Ziele hinarbeiten können. Das Auskosten des Augenblicks verschafft ihnen Lust- und Glücksgefühle, das Überwinden von Schwierigkeiten und das Erreichen von Zielen innere Befriedigung.» *Leo Gehrig*

«Man darf nie aufhören, sich die Welt vorzustellen, wie sie am vernünftigsten wäre.» *Friedrich Dürrenmatt*

Literatur

Andrea Braun	**Müssen Kinder wirklich alles haben?** Kösel Verlag, 2002
Jürg Frick	**Die Droge Verwöhnung** Huber Verlag, 2002
Leo Gehrig	**Eltern – ‹Reden allein genügt nicht›** Verlag Pro Juventute, 1992
Paul Moor	**Selbsterziehung** Verlag Huber, 1971
Peter Struck	**Wie viel Marke braucht mein Kind?** Eichborn Verlag, 2002
Albert Wunsch	**Die Verwöhnungsfalle** Kösel Verlag, 2000
Eva Zeltner	**Generationen-Mix** Zytglogge Verlag, 1998
Ulrike Zöllner	**Die Kinder vom Zürichberg** Kreuz Verlag, 1994

Glück zu zweit – auf Zeit?

Verhandelnde Paare lieben länger

Der Mediator Peter Angst bietet mit seinem Ratgeber Hilfestellung für Paare, die Alltägliches zur grösstmöglichen Zufriedenheit beider Partner gestalten möchten und dadurch ihrer Liebe mehr Raum zuteil werden lassen. Der Autor gibt Anregungen für eigene Lösungen. Mit vielen praktisch nachvollziehbaren Beispielen, Gesprächen und Verträgen.

Ehen zerbrechen leise

Ein Frühwarnsystem für Paare

«Wie gut geht es unserer Beziehung?» Diese Frage steht immer wieder im Zentrum, denn Ehen zerbrechen erwiesenermassen schleichend und leise. Frühwarnsysteme und Rissprophylaxen sind deshalb gefragt und mutige Paare, die hinsehen.

Die kurzen, prägnant geschriebenen Kapitel laden Frau und Mann unaufdringlich ein, sich Schritt für Schritt auf eine eigene Paarbeschauung einzulassen und eventuelle Vergleiche mit anderen Paargeschichten zu ziehen. Das Buch soll jedoch auch helfen, eigene, phantasievolle Lösungen anzustreben.

Auch die neue Tipps- und Tricks-Kollektion von Peter Angst ist ein kluges, praktisches, mit viel Humor geschriebenes Buch.

«Erfrischend konstruktiv.» *Tages-Anzeiger*

«Ein Anregungsbuch für eigene Lösungen. Mut machen will er, zu verändern und Neues zu wagen, und zugleich lässt er die Realität nicht aus dem Auge.» *Biblio-Kom*

«Ohne mit dem Zeigefinger zu drohen oder mit psychologischen Höhenflügen über die Köpfe hinwegzuschreiben, gelingt es dem Autor, Lust auf Achtsamkeit und Veränderung zu wecken.» *Wochenblatt*